法律保护、投资者选择与金融发展

Legal Protection, Investor Choice and Financial Development

邵明波 / 著

图书在版编目(CIP)数据

法律保护、投资者选择与金融发展/邵明波著.—北京：中央编译出版社,2017.4

ISBN 978-7-5117-3313-9

Ⅰ.①法… Ⅱ.①邵… Ⅲ.①法律保护-关系-金融业-经济发展-研究-中国 Ⅳ.①F832

中国版本图书馆 CIP 数据核字(2017)第 083767 号

法律保护、投资者选择与金融发展

出 版 人：	葛海彦
出版统筹：	贾宇琰
责任编辑：	盛菊艳
责任印制：	尹 珺
出版发行：	中央编译出版社
地　　址：	北京西城区车公庄大街乙 5 号鸿儒大厦 B 座(100044)
电　　话：	(010) 52612345(总编室)　(010) 52612335(编辑室)
	(010) 52612316(发行部)　(010) 52612346(馆配部)
传　　真：	(010) 66515838
经　　销：	全国新华书店
印　　刷：	河北下花园光华印刷有限责任公司
开　　本：	787 毫米×1092 毫米　1/16
字　　数：	167 千字
印　　张：	13.25
版　　次：	2017 年 4 月第 1 版
印　　次：	2017 年 4 月第 1 次印刷
定　　价：	53.00 元

网　　址：www.cctphome.com　　邮　　箱：cctp@cctphome.com
新浪微博：@中央编译出版社　　微　　信：中央编译出版社(ID：cctphome)
淘宝店铺：中央编译出版社直销店(http://shop108367160.taobao.com)　(010) 55626985

本社常年法律顾问#北京市吴栾赵阎律师事务所律师　闫军　梁勤
凡有印装质量问题，本社负责调换。电话：(010) 55626985

目　录

自　序 …………………………………………………………… 1

一、前　言 ……………………………………………………… 1
　（一）本书的写作背景及意义 ………………………………… 1
　（二）本书的写作思路及研究方法 …………………………… 4
　（三）本书的主要创新点及有待进一步研究的问题 ………… 5
二、司法独立与君权专政之争 ………………………………… 7
　（一）大陆法系传统中的王权专政 …………………………… 7
　（二）普通法系限制王权的传统 ……………………………… 10
三、法与金融理论的缘起 ……………………………………… 16
　（一）银行主导型金融体系与市场主导型金融体系之争 …… 16
　（二）法与金融领域研究的兴起 ……………………………… 18
　（三）法律制度、投资者保护与金融发展 …………………… 21
四、法与金融理论的发展 ……………………………………… 24
　（一）法律保护与股票市场发展 ……………………………… 24
　（二）法律保护与借贷市场发展 ……………………………… 28
　（三）法律实施与金融发展 …………………………………… 30
　（四）法律保护影响金融发展的内在机理：政治机制抑或
　　　　适应能力机制 …………………………………………… 33

— 1 —

（五）本章小结 ·· 35
五、债权人权利保护与借贷市场发展 ·· 38
　　（一）引言 ·· 38
　　（二）特征事实：债权人权利保护的国际比较 ······················ 39
　　（三）债权人的行为选择：理论模型分析 ····························· 47
　　（四）不同债权人权利保护水平下的借贷市场发展 ··············· 52
　　（五）实证检验：债权人权利保护水平与借贷市场的发展 ····· 61
　　（六）本章小结 ·· 67
六、股东权利保护与股票市场发展 ·· 69
　　（一）引言 ·· 69
　　（二）模型分析：投资者保护与股票市场发展 ····················· 69
　　（三）投资者权利保护的指标体系 ·· 80
　　（四）特征事实：投资者权利保护的跨国差异 ····················· 88
　　（五）投资者保护与证券市场发展：来自国际的实证检验 ····· 95
　　（六）本章小结 ·· 106
七、信贷市场的法治效应：理论模型及其扩展 ························· 113
　　（一）引言 ·· 113
　　（二）模型基本设定 ·· 115
　　（三）基本模型分析 ·· 117
　　（四）模型的扩展分析：内生的成功率 ······························· 123
　　（五）本章小结 ·· 126
八、信贷市场的法治效应：来自国别数据的实证 ······················ 127
　　（一）特征事实：法律实施效率的国际比较 ······················· 127
　　（二）来自国别横截面数据的分析 ······································ 131
　　（三）本章小结 ·· 137
九、信贷市场的法治效应：来自中国的实证 ····························· 138
　　（一）来自省级面板数据的实证 ··· 138

（二）来自环渤海区域的实证 …………………………… 150
　　（三）来自上海的实证 ………………………………………… 165
　　（四）本章小结 ………………………………………………… 173
十、结束语 …………………………………………………………… 175
　　（一）主要研究结论 …………………………………………… 175
　　（二）研究结果对于中国的政策启示 ………………………… 176
　　（三）未来发展方向及进一步研究思路 ……………………… 183
参考文献 ………………………………………………………… 185
后　记 …………………………………………………………… 199

自　序

　　金融是现代经济的心脏，是经济良序运行的重要支撑。随着金融体系运行效率与经济增长关系研究的深入，以投资者权利的法律保护水平对金融发展的影响为研究内容的法与金融理论成为最充满活力和最具前沿性的研究领域之一。法与金融理论是20世纪末期在美国兴起的一门新兴金融学与法学交叉学科。该理论发端于对公司外部融资影响因素的研究，通过对比不同法律环境下的金融发展水平，发现法律制度对投资者（尤其是外部投资者）权利的保护能够有效阻止内部人侵害外部投资者的利益，促进金融发展。法律制度对投资者权利的保护通过影响企业外部融资，进而影响金融发展。随着研究的深入，学者们进一步发现，法律条文和法律制度的具体实施并不能画等号。有法不依有时甚至比无法可依更糟糕。只有当金融体系根植在健全有效的法律制度框架时，金融发展才能成为实体经济健康运行的必要支撑，实现对经济增长的促进效应。

　　在许多经济学家看来，中国经济发展的实际情况难以在法金融理论框架中获得解释：虽然中国的法律体系对投资者的保护并不充分，金融发展水平也不高，效率还相对低下，但中国却是世界上经济增长最快的国家之一。回顾中国的金融发展历程，国有企业融资体制的改革是理解中国投资者权利保护与金融发展之间逻辑关系的关键。

改革开放三十多年来，中国金融业改革不断推进，开放程度逐步提高，基本形成了多元化、竞争的格局。银行业经历了从"财政出纳"到"独立核算、自负盈亏"的商业银行改革；证券市场则经历了"从无到有——快速发展——规范发展"的历史过程。中国金融业获得了前所未有的发展，取得了许多重大成就。纵观中国金融体系的发展历程，其改革肇始于国有企业改革，其发展与国有企业投融资方式的变迁息息相关。因此想要理解中国的金融发展，首先要从国有企业融资体制改革的历史着手。

计划经济时期，国家集中掌握金融资源，国有企业的融资体制表现为国家充当投资主体，由财政部门拨款直接对国有企业注入资金（或者以补贴的形式直接弥补国有困难企业的亏空），这一融资体制直到2003年才完全停止。国家既是企业的所有者，又作为企业的投资者，其权利保护大多通过行政命令实现。由财政部直接注入资金的融资体制缺少对资金使用效率的激励，为了提高企业使用资金的效率，1979年8月国务院批准了国家计划委员会、国家建设委员会、财政部《关于基本建设投资试行贷款办法的报告》，同时还批准了《基本建设贷款试行条例》，以及建设银行正式从财政部独立出来。伴随着国有企业融资体制"拨改贷"的改革，我国银行体系拉开了商业银行改革的序幕，工商银行、中国银行和农业银行等主要的国有商业银行相继独立或恢复，成为国家专业银行，人民银行则专门行使中央银行职能。

随着改革步伐的深入，进一步确立了建立现代企业制度的改革目标，这对国有企业"拨改贷"的融资体制提出了新的挑战。十四届三中全会通过的《中共中央关于建设社会主义市场经济体制若干问题的决定》（简称《决定》）指出，"进一步转换国有企业经营机制，建立适应市场经济要求，产权清晰、权责明确、政企分开、管理科学的现代企业制度"。同年底国家颁布了《公司法》，标志着中国现代企业制度改革的重要法律依据诞生了。根据《公司法》的规定，新公司的成立必须缴相应比例的注册资本金，这意味着"拨改贷"政策实施之后新成立的国有企业先天性地100%的负债率不符合《公司法》的规定。

"拨改贷"改革期间，政府是银行和国有企业共同的所有者，这导致"拨改贷"的融资体制不但没从根本上解决国有企业效率低下，还造成国有企业负债率过高、经营效率低下的尴尬局面。国有企业过高的负债率是造成国有商业银行体系大规模不良资产的主要原因。大规模的不良资产严重影响了银行的资本流动性，资本充足率远低于法定标准，金融危机发生的可能性不断累积。

为了化解国有企业过度负债所形成的金融风险，政府一方面于1995年颁布了《商业银行法》，规范商业银行的信贷行为，提高信贷资产质量，开启国有商业银行市场化改革；另一方面通过成立四家金融资产管理公司剥离四大国有商业银行的资产，组建政策性银行剥离国有商业银行的政策性投资功能。以金融资产管理公司为投资主体，把国有企业对银行的债务转化为金融资产管理公司持有的股权。1999年7月5日国务院批准执行《关于实施债权转股权若干问题的意见》，"债转股"工作正式施行，国有企业的融资方式由"拨改贷"正式进入"债转股"。

经过二十多年的改革与发展，中国银行业逐渐形成以国有商业银行为主体，股份制商业银行、城市商业银行、农村商业银行以及政策性银行等其他银行业机构并存的多层次的银行体系。除此之外，为了减少地方政府对商业银行的行政干预，中国人民银行撤销了31个省级分行，改大区设置分行，从而结束了商业银行对亏损国有企业的资金供给渠道。

通过"债转股"优化国有企业债务结构的改革思路一直指导着中国国企改革的步伐。2016年10月10日国务院发布《关于市场化银行债权转股权指导意见》指出，"为有效落实供给侧结构性改革决策部署，支持有较好发展前景但遇到暂时困难的优质企业渡过难关，有必要采取市场化债转股等综合措施提升企业持续健康发展能力"，强调要遵循法治化原则、按照市场化方式有序开展债转股，建立债转股对象企业市场化选择、价格市场化定价、资金市场化筹集、股权市场化退出等长效机制。

随着"债转股"国企改革思路的实施，股票市场在国企改革的舞台上扮演的角色越来越重要。"债转股"为证券市场（尤其是股票市场）向国有企业改革提供服务埋下了伏笔。1998年12月全国人大常委会正式发布《中华人民共和国证券法》，成为证券市场发展的重要法律依据，为国有企业改制、上市提供法律参考。

1999年11月国家推出国有股配售试点方案以及10家试点上市公司，迈出了通过股票市场减持国有股份的第一步。大量国有企业经过股份制改组上市获得资金，国有企业融资结构由单一的信贷融资发展为股权融资和信贷融资并重的多元化融资结构。通过股票市场融资，国有企业的投资主体呈现多元化的趋势。把国有企业推向股票市场，引入现代企业制度的运行机制，通过公司内部股东大会、董事会、监事会及经理层组成的法人治理结构，从制度上消除了传统国企政企不分、所有权与经营权不分的弊端。上市公司的信息公开的法定义务,使国有企业面临证监会、证交所、会计师事务所、律师事务所等机构的社会化监督。

然而轰轰烈烈的国有股减持过程中,对股票市场上投资者的权利保护考虑不周全,这直接导致了股票市场的暴跌。2001年6月,国务院五部委联合发布《减持国有股筹集社会保障资金管理暂行办法》,这标志着国有股减持工作正式启动。该方案一公布,股票市场应声急跌,截至2001年10月,上证指数一口气从2245点跌到1520点,短短四个月跌去了700多点,跌幅超过三成。中国证监会经报告国务院,决定在具体操作办法出台前,暂停执行《减持国有股筹集社会保障资金管理暂行办法》第五条关于"国家拥有股份的股份有限公司向公共投资者首次发行和增发股票时,均应按融资额的10%出售国有股"的规定,国有股减持告一段落。此后多次国有股减持的事实证明,只有充分尊重投资者的权利,才能带来金融市场的稳健发展。

随着国企改革的深化,中国金融体系在经济发展中的作用越来越重要。未来的制度建构中,我们将如何积极推进金融发展,使其在经济发展中更充分地发挥"金融心脏"的作用?面对这样的问题,我们首先需要理解造成不同国家金融发展水平的差异的内在原因。在此背景下,本书从法金融领域研究出发,从理论研究和实证研究两方面,研究了法律制度及其实施保护投资者权利的程度对金融发展的影响。

按照投资者的投资行为产生的现金流要求权,投资者的权利可以分为股权(购买权益)和债权。法律制度对投资者权利的保护可以分为对股东权利的保护和对债权人权利的保护。因此在系统梳理国内外法与金融领域的文献之后,本书主要从所有者权益和债权人权益两个角度探讨。考虑到中国的金融体系以银行为主导，本书重点研究信贷市场的法律保护效应。

　　进入新世纪以来，国有企业改革的步伐仍未止息。虽然我们不能预见中国的金融体系具体会发生怎样的变化，但是如何在金融体系的发展中更好地保护投资者的权利是发展的前提。只有根植于重视保护投资者权利的法治土壤，金融发展才能有效地发挥经济"心脏"的作用。

一、前 言

（一）本书的写作背景及意义

20世纪初期熊彼特（Schumpeter，1911）指出，运行良好的金融中介能够引导资金有效地流向最有机会成功实施创新产品和生产工艺的企业，促进创新，推动经济增长。尽管金融发展与经济增长之间的关系还存在争论[1]，自从戈德史密斯（Goldsmith，1969）开创性地开展金融发展与经济增长的跨国比较分析[2]，大量的实证研究表明金融发展能够显著地促进经济增长（King and Levine，1993；Levine，1997；Levine and Zervos，1998；Rajan and Zingales，1998）。

虽然良好的金融体系对经济增长具有显著的促进作用，但是不同国家之间的金融发展水平和金融结构存在着巨大的差异，金融体系在经济发展中扮演的角色也不尽相同。面对这些问题，理论界从经济学、法学、政治学、哲学和社会学等视角对金融发展的路径和

---

[1] 以卢卡斯（Lucas，1988）为代表的一些经济学家认为，经济发展引致了对金融发展的需求，进而促进金融发展，是经济发展促进金融发展。

[2] 戈德史密斯于1969年在《金融结构与金融发展》一书中对金融结构与经济增长之间的关系进行了跨国比较研究，虽然不能据此确定金融发展与经济增长的因果关系，但其开创了这一领域的研究。

内在机理展开研究。西方许多经济学家早已认识到，研究法律制度和金融体系的演化是理解经济发展的关键（North，1981；Engerman and Sokoloff，1997）。当金融体系植根在健全的制度框架中，金融发展才会对经济增长产生巨大的影响（郑志刚，2007）。20世纪90年代以来，经济学家开始从法律角度研究法律制度对投资者权利的保护水平对金融发展的影响，形成了法与金融理论。该理论认为，有效的投资者权利保护机制是影响金融发展的重要因素；有效的投资者保护法律体系和合同实施机制有利于激励投资者的投资信心，增加资金供给，使企业获得更多的融资便利，促进金融发展。

传统标准认为，"好的"金融体系应具备有效的法律体系、良好的会计标准、透明的金融制度、有效的资本市场和规范的公司治理。按照传统的标准，中国的金融体系是一个"失败的"金融体系。然而，改革开放以来中国已经取得了令世界瞩目的经济增长，经济总量跃居世界第二。一种观点认为，如果中国有一个好的金融体系，将会做得更好。但有些国家虽然具有好的会计体系和法律体系等"好的"金融体系的某些特征，但却一直运作得很差。当中国经济进一步发展时，将如何促进金融发展？要回答上述问题，必须首先回答"金融发展的决定因素是什么"、"这些因素如何影响金融发展"。

划分不同国家金融体系模式的标准，一般是依据金融中介机构（主要是指银行）和金融市场在其金融体系中各自所发挥的不同作用，区分为银行主导型金融体系和市场主导型金融体系。然而研究证明，相比金融体系（银行主导或市场主导）的类型，法律起源更能有效地解释金融发展和长期经济增长的跨国差异。把金融体系区分为银行主导和市场主导"既不符合实际，也缺乏成效"（La Porta，Lopez-de-Silanes，Shleifer and Vishny，2000）。法律体系被理论界认为是对投资者权利界定和保护的重要途径。LLSV（La Porta，Lopez-de-Silanes，Shleifer，Vishny的简称，1998）的研究认为，证券反映了投资者对现金流的要求权,而投资者之所以可以收回现金流,是因为法律赋予他们权利。例如,股票是股东在公司董事会的选举投票权凭证,债券(尤其是担保债券)是债权人在发债公司违约时对抵押品的索取权凭证。法律对投资者权利的保护水平是影响各个国家的金融发展呈现巨大差异的内在原因,薄弱的投资者保护难以形成有效的金融体系。

金融体系的发展和优化是促进经济增长的重要背景。随着经济学家们对金融发展与经济增长的关系认识的深化,研究投资者权利的法律保护对金融发展的影响已成为金融学最充满活力和最具前沿性的研究领域之一。从法律制度对投资者保护水平的视角研究不同国家的金融发展,对中国的金融发展具有重要的理论意义和现实意义。

法与金融理论兴起于 20 世纪末,1998 年 LLSV 发表了论文《法律与金融》被视为法与金融理论开创性的工作,从法律对投资者保护的角度解释了不同国家的金融发展的差异。后来的学者不断完善和丰富理论的内涵,逐渐形成法与金融理论体系。该理论以法律制度对投资者权利保护水平为研究对象,把投资者的机会主义行为倾向引入模型假定,分析投资者权利的法律保护水平对企业家和投资者行为的影响,从而导致不同国家金融发展的差异。该理论的起因和目的是要研究和分析当前不同国家金融发展的差异问题,即有的国家形成有利于经济增长的金融体系,有的国家却没有;有的国家培育出有利于金融发展的投资者保护法律体系和合同实施机制,而有的国家却没有。

金融体系的成熟程度和演化阶段反映了该国的储蓄向投资转化的能力,是一国市场化程度发展的重要标志。改革开放 30 年,中国的金融体系经历了从单一到多元的演变,金融部门经历了从国家财政出纳到成为国家经济的重要组成部分的角色转换。其间,中国金融业获得了前所未有的发展,取得了许多重大成就。然而按照传统的标准,中国的金融体系还不够完备,效率相对不高。随着经济的发展,我们将如何积极推进金融发展,使其在经济发展中更充分地发挥"金融心脏"的作用?面对这样的问题,我们首先需要理解造成不同国家金融发展水平差异的根本因素和内在机理。法与金融理论正是以关注法律制度对投资者的保护水平,从而对金融发展的影响为研究内容,从这一视角展开研究对积极推进中国的金融发展具有重要的现实意义。

(二)本书的写作思路及研究方法

法律制度对投资者权利的保护通过影响企业外部融资发展,进而影响金融发展。按照投资者的投资行为产生的现金流要求权,投资者的权利可以分为股权(购买权益)和债权。股东(股权持有者)拥有对公司董事会的选举权,以及对公司重大事件的表决权等权利,债权人(尤其是担保债权人)拥有在发债公司违约时对抵押品的索取权等权利。由此,法律制度对投资者权利的保护可以分为对股东权利的保护和对债权人权利的保护。

基于以上思路,本书首先对该领域相关文献进行梳理,并作评述性回顾,然后分别分析了法律制度对股东和债权人权利提供的保护程度对金融发展的影响。考虑到虽然投资者的权利需要依靠法律制度的界定和保护,但是投资者权利的实现需要法律制度的具体执行和实施,即执法环节是投资者权利从法律条文到事实实现的惊险一跃。因此,本书进一步研究了法律实施效率对金融发展的影响。最后对全文进行总结。

本书的研究方法以方法论上的个人主义和个人行为分析为特征,运用供给—需求分析、成本—收益分析、实证分析与规范分析、定性分析与定量分析等经济学分析方法，总体来说可以分为理论和实证两个方面。理论上，在法与金融理论相关的模型框架内，结合我国实际经济的现实，加入相应的变量或者假设，从而丰富了理论模型的解释力度。具体来说，引入银行筛选成本（screening cost），并假设银行筛选成本随着法律制度对债权人权利保护水平的提高而下降。通过理论分析法律对债权人权利的保护在金融发展进程中的作用，本书将证明：在贷方完全竞争的信贷市场上，法律实施效率的提高会放松借款人面临的信贷约束，提高债权人的贷款供给量，对信贷市场贷款平均利率水平的影响不确定；在贷方完全垄断的信贷市场上，法律实施效率的提高会放松借款人面临的信贷约束，提高债权人贷款供给量，提高信贷市场上的贷款平均利率。

在实证上，本书的分析主要集中在两个方面：一方面，用实际数据检验法律对债权人和股东的保护水平对金融发展的影响；另一方面，结合跨国数据和中国经济发展的现实数据来检验理论和模型的结果。所使用回归模型主要有横截面数据回归模型、混合数据模型、面板数据的固定效应模型、随机效应模型、FGLS估计模型和工具变量估计模型等分析方法。具体来说，首先，借鉴已有文献的指标体系，建立不同国家的投资者权利法律保护水平和金融发展水平的数据库，通过横截面数据回归分析投资者权利保护水平的差异对金融发展的影响。其次，建立中国各省市法律实施效率和金融发展水平数据库，通过面板数据的固定效应模型、随机效应模型、FGLS估计模型和工具变量估计模型等分析方法，分析法律实施效率对金融发展的影响。

（三）本书的主要创新点及有待进一步研究的问题

本书的创新主要体现在理论和实证两个方面：

理论上，相关模型的创新主要体现在以下两个方面：（1）比较分析了两种法律制度环境（法律对债权人抵押品索取权提供保护和不提供保护）对信贷市场发展的影响，以及法律对债权人权利的保护程度的不同对抵押率（抵押品价值/贷款总额）的影响。（2）在相关文献的基础上，引入银行筛选成本（screening cost），并假设银行筛选成本随着法律制度对债权人权利保护水平的提高而下降，研究法律实施效率对信贷市场发展的影响，从而扩展了 Jappelli et al. (2005) 的模型。

实证方面的主要创新体现在以下三个方面：（1）基于中国省际面板数据运用协整理论研究法治水平与金融发展的逻辑。研究发现，法治水平与地区金融发展之间存在唯一长期稳定的均衡关系，通过格兰杰因果关系检验，验证了法治水平的提高是金融发展的原因。（2）基于中国省际面板数据分析法律实施效率对中国金融发展的影响。研究发现，法律实施是影响中国金融发展和银行贷款长期化的重要因素：在法律实施水平比较高的地区，金融发展水平较高、中长期贷款比重较大；而在法律实施水平较低的地区，金融发展水平较低、中长期贷款比重较小。这与"法与金融"文献的理论预期和经验证据一致，为"法与金融"领域的研究提供了来自中国的证据。（3）在研究法律制度对股东和债权人权利提供的保护程度对金融发展的影响时，通过更新已有文献的数据进一步验证了投资者权利的法律保护促进金融发展的结论。

本书的不足主要在于，由于数据可得性的限制，本书研究的样本国家不包括苏联解体后的国家，国际比较方面的实证检验仍有一定的欠缺，未来的研究可以进一步扩大样本国家范围。在对中国分省的实证检验中主要关注法律实施对中国正规金融的影响，然而中国经济发展的过程中，非正规金融的表现也不可忽略，未来的研究可以再检验各地区法律实施效率水平的差异对非正规金融的发展是否具有重要影响。

二、司法独立与君权专政之争

人类社会的贸易、战争、迁移等活动，不仅带来技术、语言、信仰等信息的传播，同样，通过征服、殖民统治以及模仿等，法律制度和体系也向世界各地传播。法学家们认为，有些国家的法律体系在某些重要方面是相似的，世界各国的法律可以归类为几大法系（Rene and Brierley，1985）。茨威格特和科茨（Zweigert and Kotz，1998）认为，"对于法律体系或者法系的分类来讲，以下几方面是十分关键的：（1）它们的历史背景和发展，（2）对法律问题的主要思考特征方式，（3）有独特特征的制度，（4）它所承认的法律来源及其对待方式，（5）它的意识形态"。

尽管世界各地的法律千差万别，但不同国家和地区的法律主要是移植的（Watson，1974）。大多数学者认为，世界各国的法律来自两大传统：普通法和大陆法。在大陆法系中，有三个主要法律支系，即法国、德国与斯堪的纳维亚法系。各国所形成的法律虽然包括具体国家的修正，但各法系传统的影响根植于该国法律的精神之中。

（一）大陆法系传统中的王权专政

大陆法系起源于罗马法，到东罗马帝国皇帝查士丁尼执政期间，罗马法发展到成熟阶段。查士丁尼（Justinian）皇帝（公元527—

565年)为重建和振兴罗马帝国,成立了法典编纂委员会,进行法典编纂工作。从公元528—534年,先后完成了三部法律法规汇编。查士丁尼统治时期,编纂了拜占庭帝国的第一部法典,这部法典在公元12世纪开始被人称为《查士丁尼民法大全》,这部法典主要包括《查士丁尼法典》、《学说汇纂》和《法学阶梯》三部分。人们还把公元534年到查士丁尼逝世时的法律编纂称为《新律》,作为法典的第四部分。

哈耶克(Hayek,1960)注意到,查士丁尼对法典的编纂在两个方面对罗马法进行了较大的修改:(1)罗马法高于一切,而查士丁尼却把国王凌驾于法律之上;(2)查士丁尼试图打破罗马法的立法传统,削弱法官的法律制定权限。正是通过这样的变革,查士丁尼"确保自己成为一个不仅凌驾于法律制定,更凌驾于司法解释的垄断者"(Dawson,1968)。

15世纪法国法律体系的演化是一部司法独立与君权专政斗争的历史,最终君权专政获胜。中世纪后期法国各地方的法律体系并不统一,整个法国的法律体系十分混杂。伏尔泰(Voltaire)曾经嘲讽地描述:"在这个王国里旅行,换法律体系跟换马的频率是一样的。"16世纪到17世纪,法国君主为强化中央集权,与贵族进行了激烈的斗争。经过大规模的流血和动荡,君权最终获胜,建立了高度中央集权的君主专制统治,但同时也扼杀了地方政府权利,国王获得了法国各省和各地方的司法直接操控权(韦森,2009)。

在法国上层社会习惯了挥霍无度的奢华生活时,由于大量贵金属的流入,欧洲爆发了"价格革命"。法国王室政府为了维持奢侈靡费的生活不得不发行公债,致使政府债台高筑,同时也卖官鬻爵。有钱人花钱购买法官的职位,在判案的时候毫不掩饰地为己谋私,甚至还阻碍司法改革(Dawson,1968)。有时国王试图改革法律体系,法庭不但拒绝使用新的法律,还根据己意随意解释法律(Mer-

二、司法独立与君权专政之争

ryman,1985)。

法国爆发大革命后经历了十几次重新制定和修订宪法,每次修改和制定宪法都不可避免地围绕着君权和法权孰高孰低展开斗争。司法权的独立仅在"1791宪法"中昙花一现,后来宪法几易其稿,最终君权控制了司法权。在后来的发展中,法国法律体系进一步否定法官的司法裁量权,推崇司法形式主义,鼓励明线原则(Bright-line-rules)而不依靠法官的自由裁量(Glaeser and Shleifer, 2002)。支撑法国近代以来法律制度及其宪政民主政治的两大拱柱之一的《法国民法典》,实际上却是为拿破仑个人专制的独裁统治披上了合法的外衣(韦森,2009)。

神圣罗马帝国时期,德国境内邦国林立,封建地方割据,帝国皇帝的权力受很大的限制。庆幸的是德国历史上具有封建领主选举产生君王的传统,法国历史学家基佐(Guizot)认为,"德国是唯一长期采用封建选举产生君王的国家",也是"唯一保留教权君王、保留享有真实政治存在和主权的自由式的欧洲国家"(韦森,2009)。教会差不多拥有德国1/3的土地,这也限制了德国皇室权利的扩张。一位大主教或主教的管辖领地通常涵盖着几个世俗领地的各一部分,而每一个主教在某些事务上直接隶属于教皇,这致使罗马天主教统治集团和世俗王侯之间的竞争也在不断加剧(Berman, 2008)。

路德(Luther)的改革运动弱化了王侯的至上政治权威,奠定了法律至上的信念。首先,德国境内邦国之间是存在竞争的。"由于其主权领土和这个泛泛的德国框架内其他统治者之主权领土的并存,更何况此时其集权政府还享有投奔其他新教王侯属僚的自由"(Berman, 2008)。其次,奠定了法律至上的信念,在理论上把德国的王侯规范成为立宪君主。"王侯的法律最终建立在《十诫》教条之上,以及王侯及其集权政府(Obrigkeit)尽管在法律上拥有改变法律的权力,但在合法地改变一项法律之前,他们在良知上有受该法律约束的义务"（Berman，2008）。

德国法律的统一过程不是通过官方编纂的正式法典实现，而是通过整个法律体系的系统化学术论著实现。路德强调从分析法律文本和案件为出发点，把案件放到一个"适当的、既定的、一般原则或规则之中"（Berman，2008），从而发现法律。因此，与法国的君权至上、贬低法学的传统不同，在德国有深厚的法律至上、尊重法学的传统。在德国，法律体系的变革路径并不是通过法典化建立新的法律体系，而是运用德国法律原则从历史的实践中演化而来（Merryman，1985）。

北欧四国法律体系的发展与其他国家相对独立，其法律体系被称为斯堪的纳维亚法系（Scandinavia Law System）。相比法国和德国传统，斯堪的纳维亚大陆法与罗马法的渊源相对较远（Zweigert and kotz，1998）。从斯堪的纳维亚法系国家的法律体系的演进看，各国法律制度对投资者权利的保护程度有所下降，并有接近法国法系的趋势（LLSV，1998；Djankov et al.，2007）。相对来讲，在对各国法律演进的研究中，对斯堪的纳维亚法系国家研究的文献较少，该法系国家基本集中于北欧四国。

（二）普通法系限制王权的传统

普通法系（Common Law System）又称英美法系（Anglo-American Law System）。与大陆法系国家不同，英美法系国家并无成文性的民法典，而是体现于其他形式的法律之中。普通法的渊源主要有三个：普通法、衡平法和制定法，其中制定法在17世纪以后才成为普通法系国家的主要法律渊源。

二、司法独立与君权专政之争

在英国的法律传统中蕴含着保护私人财产的观念。英国自1066年诺曼登陆以来建立了以军事服役为交换条件的土地分封制度和包含着地方政务的司法制度（韦森，2009）。诺曼登陆后威廉一世（William I）为了巩固王权统治，没收了抵抗他的盎格鲁-萨克逊贵族的土地，并分封给跟随他征战的法国的封建主。然而受封者必须按照受封土地的面积大小向国王提供兵役，并亲自率领他们为国王作战。大的土地所有者可以把自己的土地再分封给下级，并同时要求被封者按照获封的土地面积提供兵役。但是"诺曼征服后，英国并没有形成大陆的那种封建附庸制度。在很多地区，领主附庸是指一种诸如将'某人'说成是从属于某人的关系，虽然他并不是'某人'的领主，对其没有司法审判权"（孟广林，2010）。尽管威廉一世后来要求全国各级封臣都要宣誓效忠国王，但是次级以下的封臣对国王的义务仅仅停留在口头上的宣誓，而没有诸如封臣义务和继承税等实质性的内容，因此在封臣分封出去的土地上国王丧失了许多权利（马克垚，1985）。

以土地层层分封为基础建立的网络使大土地所有者控制着封地内的地方政府、地方军队和地方法院。以封建领主和庄园为基本地方治理单位的领地分封地上，分别设有领主法庭（honorial court）和庄园法庭（manorial court），分别由领主及其管家主持，审理封地内的财产纠纷（主要是土地纠纷）。威廉一世入主英格兰之后并没有完全废黜盎格鲁-撒克逊时代的习惯法，为了获得英格兰人的支持，宣布继续维持忏悔者爱德华时期的法律，"按习惯处理中央事务的做法却延续了下来"（詹姆斯·坎贝尔，2010）。因此，土地所有权起源于威廉一世（William I）建立的封建制度。在这样的制度体系下，大土地所有者的财产被视为私人财产，而不是国王的佃农，同时法庭也衍化出相应的制度保护私人财产免受侵害（Littleton，1481）。

与法国不同，英国并没有建立起高度中央集权的君主专制统治。在中世纪激烈而频繁的政治斗争中，发展出了独具个性的宪政与法治传统。在封建传统的演化中，孕育出了"王在法下"的法治理念，法律成为限制王权的制度性规定。国王被视为贵族中的一员，是贵族中最大的一员。因此，身为国王亦不能任意妄为，其行为同样必须要接受封建习惯的制约。13世纪的法学家布克莱顿认为，是法律赋予了国王的合法地位，国王必须遵守法律；因此，虽然国王不在任何人之下，但必须在法律与上帝之下，只有法律规制的地方国王才有权利管理（Maitland，1919）。在汤姆斯·莱特（Thomas Wright）作的政治诗歌中写道："法律这样宣称：'国王通过我来统治，通过我对那些立法的人展示公正'"，"没有一个国王可以改变这一牢固的法律"（Coss，1996）。

亨利二世（Henry II）被誉为"英格兰习惯法之父"，其在位期间对英国的行政和司法进行了一系列的改革。虽然他通过健全以习惯法为基础的巡回审判制度和陪审制度扩大了王室法庭的权限，限制了地方法庭的权力，但是他奠定了普通法的基础，并使英国人养成服从法律的习惯。在亨利二世统治时期，王权、贵族和平民各阶层达成了通过法律解决纠纷的共识。当英法连年战争使英格兰人饱受横征暴敛时，英国的贵族、教会和平民所有社会基层习惯性地选择通过法律限制王权的残暴扩张。无地王约翰为了维持连年的对外战争，通过不断地开征新税种和加税，加紧了对市民和贵族的盘剥。这激怒了包括贵族、教会和平民在内的各个社会阶层。教皇联合贵族集结军队向约翰讨伐，愤怒的市民也纷纷加入起义，最终把陷入孤家寡人的约翰国王逼到了谈判桌上。在强大的压力之下，约翰最终签署了《大宪章》。《大宪章》是普通法历史上第一个以限制王权为主要内容的文件，它具有宪法的性质，从法律上限制了君主的"权力"以保障贵族的"权利"。《大宪章》中包含了限制国王买卖

二、司法独立与君权专政之争

司法权和保护私人财产的内容,它规定"禁买卖司法权,禁止随意占领他人土地,决策时须征询贵族意见,若违反宪意,贵族有权推翻国王"(韦森,2009)等内容。这一方面限制了国王滥用君权侵犯私人财产,另一方面保证了司法不受国王干涉的独立性。

议会制度在英国的发展和形成,正是为了保证国王能够遵守《大宪章》所规定的权利和义务。为了限制亨利三世(Henry III)的独断专行,1958年贵族们全副武装面见国王,要求其进行政治改革,遵守《大宪章》。同年,亨利三世被迫在牛津召开的"狂暴议会"的会议上接受了《牛津条例》(Provisions of Oxford)。该条例旨在进一步限制王权。除了限制王权的相关内容,《牛津条例》规定了议会的建立、权利及其召开时间,这标志着英国议会的诞生;此外,还规定了议会拥有立法的最高权威。议会成为全国的最高立法机构,开启了"王在议会"的政治格局。此后爱德华一世(Edward I)颁布的《威斯敏斯特第一法案》(Statutes of Westminster I)进一步保护国民免受来自政府的侵害(韦森,2010)。爱德华一世统治时期,议会制度得到了巩固和完善,法治精神深深植入英格兰的政治传统。在议会与国王的相互角逐中,确立了议会的立法权,进一步确立了"王在议会"的政治原则。

16世纪到17世纪,英国议会与国王之间的斗争过程,进一步奠定了司法的独立性。都铎王朝时期英国进入封建制度向资本主义制度过渡的转型,新兴资产阶级逐步走上英格兰的政治舞台,日益成为举足轻重的政治力量,议会体制进入了包含国王、上院和下院的三位一体的构成时代。

长达30多年的玫瑰战争使贵族集团伤亡惨重,甚至失去了与王权抗衡的实力和左右国家政治的能力。为了抑制贵族集团的政治势力,都铎王朝利用新兴资产阶级巩固和扩大王权,进一步巩固了下院的政治地位,增强了其政治能力。在各方政治势力博弈的夹缝中,

法律保护、投资者选择与金融发展
Legal Protection, Investor Choice and Financial Development

下院的组织立法权获得了进一步的发展和巩固，甚至还取得某些司法特权①。在此时期议会体制发展成为包含国王、上院和下院的三位一体的构成。正是议会和法律对私有财产的有效保护，大大激发了新兴资产阶级的经济活力，促进了英国资本主义经济的原始积累和发展。

斯图亚特王朝的国王们奉行绝对的君主专制主义，试图通过宣称君权神授，声称"国王是法律的制造者"，重申封建特权，并通过权力出卖以弥补亏空。这与英格兰业已形成的"王在法下"的法治传统格格不入。由贵族、大地主和新兴资产阶级组成的议会协同法院对抗国王的权力扩张，保护私人财产所有权免受国王侵害。1604年詹姆士一世（James I）召开第一届议会要求征税解决登基以来的财政困难，以新兴资产阶级为主的议会下院断然拒绝了国王的要求。然而詹姆士一世依然凭借王权强制征税，议会随即坚称国王的行为是违法的，国王动怒，并于1614年下令解散议会。詹姆斯一世曾经试图将王权凌驾于法律之上，但是议会告诉他王权在法律之下（"法律即是王"，Lex Rex）；查理一世（Charles I）不顾英格兰的法治文化传统，执意实行专制政治的行径把自己送上了断头台。克伦威尔（Cromwell）短暂的护国政治再一次证明了英格兰的"王在法下"的法治传统。直到1688年光荣革命之后，英国最终建立了君主立宪制的民主政治。1689年威廉三世（Willian III）签署了《权利法案》明确了议会的权力，进一步限制王权。

纵观普通法演进路径，与法国不同的是，英国的法律体系演进过程中，国王始终没有实现集权，法律制度成为限制君权的制度性存在，司法具有较高的独立性。普通法的法律渊源更具弹性，梅特

---

① 都铎王朝时期下院具有审判藐视议会权威的司法特权，对蓄意中伤议会的行为，下院有权审判并处以罚款或监禁。

兰（Maitland）在考察了衡平法历史后认为，衡平法不是为了摧毁普通法，而是为了使普通法更加完备（何勤华，2006），衡平法的存在进一步缓解了普通法的僵硬性。

三、法与金融理论的缘起

(一) 银行主导型金融体系与市场主导型金融体系之争

按照目前流行的标准,划分不同国家金融体系的模式一般是依据金融中介机构(主要是指银行)和金融市场在其金融体系中各自所发挥的不同作用。据此,可分为银行主导型金融体系和市场主导型金融体系。国外学者通过研究,分别得出银行主导型金融体系和市场主导型金融体系各具优势。依据认为哪种类型的金融体系有利于经济增长,可以分为三种观点:银行主导论、市场主导论和金融服务论。

银行主导论认为银行在三个方面具有积极的作用:(1)有利于获取关于企业和经理的信息,促进资本配置效率和公司治理(Diamond, 1984; Ramakrishnan and Thakor, 1984);(2)有利于控制跨期风险和流动性风险,促进投资效率和经济增长(Bencivenga and Smith, 1993);(3)有利于汇聚资本,从而实现规模经济(Sirri and Tufano, 1995)。

银行主导论还强调市场主导型金融体系的缺点。布特和塔科尔(Boot and Thakor, 1997)认为,作为投资者联盟的银行在解决投资监督和道德风险问题时比股票市场有优势。股票市场的投资者相对短视，可能会低价卖出股票，所以不会对公司治理实施长期的监督。艾伦和盖尔（Allen and Gale, 2002）认为，当其他因素不变时，获取信息的成本越大，需要提供资金的人数也就越多，则偏好中介融资的可能性就越大。中介融资的优点在于信息成本通过授予管理者决策权而得到分担，而市场融资则要求每个人都成为知情者。因此，银行主导论认为，金融市场的发展会阻碍公司治理和经济增长。

市场主导论认为功能完备的金融市场能够：（1）提供研究企业信息的激励，因为这能够从股票市场上得到高额的回报（Holmstrom and Tirole, 1993）；（2）通过接管提高公司治理（Jensen and Murphy, 1990）；（3）促进风险控制（Levine, 1991; Obstfeld, 1994）。

市场主导论也强调了银行存在的问题。强大的银行体系通过抽取信息租金阻碍创新（Hellwig, 1991; Rajan, 1992），并且当金融管制放松时会与经理人合谋，阻碍有效率的公司治理（Hellwig, 1998; Wenger and Kaserer, 1998）。相反，竞争性资本市场促进汇聚分散的信息并有效地把这些信息传达给投资者，这有利于公司金融和经济绩效（Boot and Thakor, 1997; Allen and Gale, 1999）。因此，市场主导论支持者强调了市场能克服银行固有的非效率因素，促进经济增长。

金融服务论认为金融体系的银行主导或市场主导特性并不重要，它强调金融体系在降低市场的不完备性和提供金融服务方面的作用（Merton, 1992, 1995; Merton and Bodie, 1995; Levine, 1997）。这种观点认为，金融体系的构成是次要的，是否能够提供功能完备的金融服务才是促进市场活跃，推动经济增长的关键。

与金融服务论类似，法与金融论（LLSV, 2000）认为区分市场主导型或银行主导型的金融体系不是问题的重点。法与金融论强调了法律对投资者的保护对金融部门良序发展的促进作用。法与金融论把金融看作是契约的集合,这些契约由法定权利及其实施机制界定。从这个视角看,功能完备的法律体系推进金融市场和中介的发展,从而促进金融服务的效率和经济增长。

然而,实证检验的结果表明,市场主导型或银行主导型金融体系与经济增长之间不存在稳健的关系(Levine,2003)。艾伦和盖尔(2000)认为,随着金融体系的演进,金融市场和金融中介具有共生关系,彼此相互依存。中介在允许投资人和企业参与到市场方面扮演了关键的角色,并同时保证了金融市场具有足够的深度以生存。如果没有中介,参与的信息障碍会阻碍投资人从新市场中获利,而且市场本身也不可能生存;同时,金融市场降低了中介及其客户的成本,使它们能更有效地进行风险套利。

(二) 法与金融领域研究的兴起

大量研究证明金融发展对经济增长具有巨大的促进作用。早在20世纪初,熊彼特(Shumpeter,1912)就认为银行体系促进了产业投资,因而对经济发展有重要作用。① 格利和肖(Gruley and Shaw,1955)的研究认为金融体系与实际经济增长之间可能存在某种关系,金融中介对提供信用具有十分重要的作用,进而影响资源配置的效率,促进经济增长。② 戈德史密斯(1969)开创了金融发展与经济增长的国别研究,他首次利用大量的国际数据研究金融发展与经济增长的关系,研究证明金融发展对经济增长具有明显的促进作用。麦金农(McKinnon,1973)发现经济增长与金融发展之间有很强的正向关系。最近几年的研究基本上都认为金融发展能够显著地促进

---

① [美] 熊彼特:《经济发展理论》,何畏、易家祥等译,商务印书馆1990年版。
② Gurley,J.G. and Shaw, E.S., "Financial Aspects of Economic Development", *American Economic Review*, Vol.45, No.4, Sep.1955, pp.515-538.

三、法与金融理论的缘起

经济增长（King and Levine，1993；Levine，1997；Levine and Zervos，1996；Rajan and Zingales，1998）。

然而现实中处于不同发展阶段的国家之间，抑或处于相同发展阶段的国家之间，各国的金融发展水平和金融结构指标存在巨大差异。是什么因素导致金融体系本身的发展？影响金融发展的内在逻辑是什么？法律对投资者行为的影响如何传导到一国金融体系的发展中？法与金融理论正是基于上述问题的思考与研究被提出并发展起来。

起初经济学家和法学家只是从理论上研究与投资者保护相关的法律法规的成本和收益（Grossman and Hart，1988），并没有系统地进行统计性的比较分析。1997、1998年，LLSV（La Porta，Lopez-de-Silanes，Shleifer and Vishny）相继发表了论文《外部融资的决定因素》和《法律与金融》①两篇论文，采用比较分析方法，经验验证投资者保护与金融发展的跨国差异，开创了从法律起源的视角研究金融发展，LLSV经济学家组合成为法与金融领域的创始人。

传统的MM定理（Modigliani and Miller，1958）认为，证券是根据它们的现金流分类的：债券能够给持有人带来固定的利息收入，股票能够给股东带来股息收入。而哈特（Hart，1995）的研究认为界定不同证券的关键是证券给持有人带来的权利。例如，股票能够给股东带来公司董事会选举的投票权，债券（尤其是担保债券）赋予债权人在发债公司违约时对抵押品的索取权。

当公司经理人按照自己的效用最大化原则经营公司时，证券持有人的权利便十分重要，它们能够给投资者带来足够的力量从经理人那里索回投资收益（LLSV，1998）。股东能够得到股息是因为他们能够通过投票把不支付股息的董事赶出董事会；债权人能够得到

---

① 《法律与金融》于1996年以工作论文形式写成，1998年正式发表。

利息支付是因为他们拥有重新获得抵押品（repossess collateral）的权利。没有这些权利，投资者将不会获得支付，公司也将发现外部融资更加困难。但是证券持有人的权利并不是证券本身所固有的，这些权利的实现需要依靠法律制度的界定和保护。

LLSV（1998）通过建立反映法律对投资者（股东和债权人）权利保护的指标体系，对49个国家进行检验。LLSV（1998）的研究得出了三个结论：（1）普通法传统国家的法律制度对投资者权利保护力度最大，法国大陆法传统国家最弱，德国与斯堪的纳维亚大陆法传统国家居于中间。（2）从法律实施质量来看，德国与斯堪的纳维亚大陆法传统国家的法律实施质量最高，其次是普通法传统国家，法国大陆法传统国家仍然最弱。（3）数据检验结果显示，在投资者权利保护薄弱的国家有相应的替代机制。有些机制是法定的，比如强制分红和法定存款准备金比率在大陆法传统国家更容易出现。

在企业外部融资方面，通过对比49个国家的法律起源、法律对投资者保护以及法律的实施情况，LLSV（1997）得出，由法律规则及其实施决定的法律环境是影响一个国家资本市场的广度和深度的重要因素；为潜在投资者提供保护并防止企业家对其侵害的法律环境，能够成功地提高潜在投资者的投资意愿，从而促进资本市场的发展。

LLSV（1997，1998）的研究并不尽善尽美。首先，在这49个国家样本中没有包括社会主义国家或"转型"经济国家，这使得检验结论的适用性受到限制。第二，经验验证指标过于简单。比如缺少反映合并或接管规则以及反映对金融机构管制的指标。第三，侧重研究金融市场，缺乏对金融中介的研究。

沿着LLSV的研究思路，学者们进一步展开研究，大体可以分为三条主线：第一，通过扩大样本国家范围和指标体系，进一步经验验证法律起源是否能够说明金融发展等方面的跨国差异。第二，研究法律制度及其实施效率对金融发展的影响。其中关于法律制度实施效率对金融发展的影响，这方面的研究不仅包括跨国比较，甚至包括在一国之内各个不同的行政区域之间的比较。第三，探讨法律传统影响金融发展的机制。第一条主线主要从经验验证方面对法律传统与金融发展作出分析，回答法律传统是否影响金融发展的问题。第二条主线从经验验证和理论研究两个方面进行研究，回答法律制度及其实施如何影响金融发展的问题。第三条主线对法律制度的演进如何影响金融发展作出理论分析，回答法律传统为什么会影响金融发展的问题。三条主线研究的中心围绕不同法律传统对投资者保护的差异进而影响金融发展的思路展开。对投资者的保护体现在法律对投资者权利的保护、对财产权的保护、私人契约安排及其实施效率等。

（三）法律制度、投资者保护与金融发展

迪米崔德斯（Demetriades，2004）的经验研究表明，只有当金融体系植根于健全的制度框架，金融发展才会对经济增长产生巨大的影响。"好的"金融体系需要配以健全的制度框架（这包括对产权的尊重、透明的会计准则和信息披露要求），这样才能保证合约能够以较低成本实施，并且能够通过法律保护投资者的利益。

针对LLSV（1997，1998）的样本国家中不包括社会主义国家或"转型"经济国家，贝克（Beck）、德米尔古茨-昆特（Demirgüç-Kunt）和莱文（Levine）（2003a）对70个殖民地国家（只包括普通法和法国大陆法国家）1990—1995年期间的数据进行检验，结果表明，在控制了初始禀赋、信仰构成、种族多样性和独立的时间等指标后，法律起源能够有效解释私有财产权保护的跨国差异。此外，控制了信仰构成后，法律起源对股票市场的发展是稳健的，法国大

陆法国家的股票市场发展落后于普通法国家。这进一步验证了 LLSV（1997，1998）的结论。

莱文（1999），莱文、洛艾萨和贝克（2000），裴和戈亚尔（Bae，Goyal，2009）在扩大样本国家数量、扩充指标体系的基础上，采用不同的计量技术检验法律起源对金融发展的影响。莱文（1999）使用广义矩估计法（GMM）对 77 个国家的研究认为，有效保护债权人权利、促进合同实施的法律体系，是促进金融中介发展的重要因素。莱文、洛艾萨和贝克（2000）采用截面工具变量法和广义矩估计的动态面板数据分析法研究，不仅得出了与莱文（1999）相同的结论，还采用会计制度作为反映信息披露规则的指标，得出信息披露规则也是影响金融发展的重要因素。法律对财产权的强有力保护激励银行提供规模大、期限长的贷款，并向借款者要求低的贷款息差（Bae and Goyal，2009）。因此，有利于保护债权人权利、合同实施和会计实务发展的法律体系和会计制度改革，促进金融发展和经济增长。

莱文（2003）的研究同样证明了法律起源对金融发展的影响。值得注意的是，在控制了总的金融发展之后，法律变量对经济增长的影响并不能通过检验，莱文（2003）的研究验证了法律制度通过影响金融发展促进经济增长的结论（Levine，2003）。他认为，相比金融结构（银行主导或市场主导）的类型，法律起源更能有效地解释金融发展和长期经济增长的跨国差异。

企业外部融资行为产生的投资者对现金流收入的索取权，可分为股权和债权。相应地，股权持有人称为股东，债权持有人称为债权人。根据企业外部融资途径的不同，债权人又分为两类：依靠市场的直接融资途径产生的债券持有人和依靠金融中介的间接融资产生的债权人。债券持有人可以是自然人或者金融机构，而间接融资的放款人通常为金融机构。由此，金融发展包括的内容为：股票市场、借贷市场的发展。法律传统对金融发展的影响的文献可分为三类，除了研究法律传统对整体金融发展的影响外，还包括研究法律传统对股票市场的影响、研究法律传统对借贷市场（包括债券市场和信贷市场）的影响。

四、法与金融理论的发展

(一) 法律保护与股票市场发展

法律对投资者的保护是股票市场发展的关键因素。在对公众投资者保护薄弱的国家,具体企业的信息很难体现在股票价格中,股票市场价格波动更多受到政治事件以及流言蜚语的影响,因此股票市场的价格波动具有同步性特征(Morck,Yeung and Yu,2000)。约翰逊等的研究认为金融体系是脆弱的,在国内外投资者权利得不到充分保护的情况下,一旦市场受到干扰,投资者将迅速丧失投资信心、抛售股票抽离资金。法律对外部投资者保护的薄弱是导致亚洲金融危机时股票价格崩溃和汇率迅速贬值的重要原因之一(Johnson et al.,2000)。

皮斯特和许(Pistor and Xu,2005)通过研究中国股票市场的最初发展发现,通过行政治理(Administrative Govemance)代替正式的法律治理,能够弥补投资者保护不足的缺陷。行政治理的核心原则是"配额制",配额制在首次公开发行(IPO)阶段,能提供有效的激励,以刺激地区竞争,起到收集分散信息的作用。

LLS(2006)通过对49个国家证券法的研究发现,证券法之所以起作用,不是因为证券法提供了公共执法,而是因为它能够便利

四、法与金融理论的发展

私人缔约。通过研究证券法如何规制新股票的公开发行，LLS（2006）提出了关于证券市场"最佳法律配置"的三种理论假说。此外，LLS（2006）结合来自49个国家的律师的信息，收集制作了一个规范证券发行的法律法规数据库。通过这个数据库，对证券法规进行了一系列定量分析指标，重点关注强制信息披露、责任标准和公共执法。通过经验研究证券法规的定量分析指标与证券市场发展若干指标之间的关系发现，证券法对证券市场的良好发展具有重要的作用。如果缺乏相应的法律制度，即使存在市场力量，也不会带来证券市场的繁荣。这一发现进一步证明了进行法律改革以支持市场发展的必要性。

法律对外部投资者（尤其是中小投资者）的保护是影响资本在行业中分配效率的关键（Wurgler，2000）。有效保护外部投资者的国家，能够有效地抑制资本过多地流向衰退行业。贝克和莱文（2002）综合运用拉詹和津加莱斯（Rajan and Zingales，1998）、沃格勒（Wurgler，2000）的研究方法发现，金融发展和法律环境能够很好地解释行业增长和资本分配效率的跨国差异：主要依赖外部融资的行业，在金融发展水平高的国家增长更快；主要依靠内部融资的行业，在法律体系有效保护投资者的国家增长更快。此外，法律对投资者的保护程度是影响行业发展和资本分配效率的重要参数，高度依赖外部融资的行业在金融发展水平高的国家发展相对更快（Rajan and Zingales，1998）。

法律体系对投资者权利的保护不仅影响企业外部融资渠道和成本，还会影响资源在不同类型的资产之间的配置情况。对于法律对投资者保护不足及其实施薄弱的国家，不仅投资的总额很少，同时在有限的投资总额中，投资于无形资产的比例相对于固定资产而言更加微不足道（Claessens and Laeven，2001）。这是因为无形资产比有形资产的产权保护更弱，这直接导致投资无形资产比例偏低的局面出现。

　　法与金融理论对企业的关注始于对公司治理中的委托代理问题的探讨,即内部人利用公司的利润使自己获益,而不是回报投资者(Jensen and Meckling, 1976)。外部投资者的投资行为面临遭受经理人或者控股股东通过转移定价、资产剥离或者股权稀释等侵害行为的风险,尽管这些行为在许多国家并不违法,却使外部投资者的投资回报遭受损失。内部人对外部人的侵害会打击潜在外部投资者(股东或债权人)的投资积极性,影响金融发展,因此,需要法律制度对投资者权利作出保障。很多学者的研究强调金融工具给持有者带来的权利(Jensenand Meckling, 1976; Hart, 1995),忽视了权利的界定和实施的法律基础(LLSV, 1997, 1998)。

　　法律对投资者强有力的保护能够提高公司治理效率,提高公司价值,促进金融市场的发展,促进股权分散以及提高资本分配的效率(LLSV, 2000a)。LLSV(2000a)认为,从法律对投资者的保护为出发点研究公司治理,要比传统的以银行或市场为主导的分类更富有成果。然而LLSV(2000a)的研究只是理论分析并借鉴前人的研究结论,论文本身的结论缺乏实证结果的支持。沿着LLSV(2000a)的思路,很多学者做出经验检验,并证实了LLSV(2000a)的论断。

　　法律制度对投资者的保护通过股票价格和股息政策来影响公司治理,这尤其体现在公司价值上。通过对33个国家4000家公司的数据检验,LLSV(2000b)发现分红政策在不同的法律体系不尽相同,委托代理问题不同程度地存在于各个国家。在较好地保护投资者权利的普通法国家,小股东通过向内部人施压提高分红水平,减少内部人对外部人的侵害,企业股息支付水平大于大陆法国家。LLSV(2002)通过测算27个富裕国家的539家大企业的托宾Q值得出,缺乏对股东权利保护的国家,企业价值相对较低,控股股东现金流索取权的高度集中能够提高企业价值，尤其体现在对投资者权利不够重视的大陆法系国家。LLSV（2002）的结论与克莱森斯等（Claessens et al.，2000）对东南亚9个国家和地区①2970家上市公司的分析的结论相似。

法律对投资者的保护影响公司所有权的集中程度。作为对投资者保护薄弱的替代，大陆法国家的企业所有权会更集中，企业的外部融资约束更紧，进而这些国家的市场流动性不高（LLS，1999）。LLS（1999）的分析说明，用法律起源来解释企业所有权集中的跨国差异比"银行主导观"更有效。克莱森斯等（2000）借鉴LLSV（1999）的方法对东南亚9个国家和地区的2970家企业研究发现，超过2/3的公司由单一股东控制，并且通过金字塔式的管理结构以及交叉持股的方式，控股股东控制权得到加强，甚至超过其现金流索取权。

法律对财产权的保护影响企业的成长和规模。从企业外部的成长环境来看，有效保护财产权的法律环境，不仅促进金融发展从而放松企业的金融约束（尤其是外部融资约束）（Kumar，Rajan and Zingales，2001；Beck，Demirgüç-Kunt and Maksimovic，2005），还会有效地扫清官员腐败的障碍（Beck，Demirgüç-Kunt and Maksimovic，2005），促进企业成长和扩大规模。从企业内部来看，有效保护财产权的法律体系（尤其是有效保护无形资产所有权的法律体系），提高企业内部资源的分配效率，促进企业成长（Kumar，Rajan and Zingales，2001；Claessens and Laeven，2003）。在库马尔、拉詹和津加莱斯（Kumar，Rajan and Zingales，2001）的样本中，无形资本密集型企业在高效的法律体系中规模比有形资本密集型企业大。高效的

---

① 包括：中国香港、印度尼西亚、日本、韩国、马来西亚、菲律宾、新加坡、中国台湾和泰国。

法律体系还有利于企业锁定无形资产的投资回报，促进企业成长（Claessens and Laeven，2003）。

（二）法律保护与借贷市场发展

经验研究证明金融发展能够显著地促进经济增长（King and Levine，1993；Levine，1997；Levine and Zervos，1998；Rajan and Zingales，1998），而重视债权人权利和合同执行的法律制度是影响金融发展的重要因素（Shleifer and Vishny，1996；LLSV，1997；Levine，1998）。法律的主要职能在于它能够赋予债权人权利以保障合同执行，有效的法律制度能够降低贷款风险，从而提高债权人的放贷意愿，并降低贷款利率。

一国法律制度对债权人的保护及其执行情况是影响银行贷款规模和贷款期限的重要因素。法律制度从根本上决定了整个金融体系的运行情况（Hart，1995），LLSV（1997，1998）的实证研究显示，对债权人权利保护较好的法律制度环境，能够保护贷款人在借款人违约时拥有更多的讨价还价能力，这提高了债权人的放款意愿，使经济体中信贷规模占 GDP 的比重有所增长。法律制度对债权人的保护，可以使银行在借款人违约时更易于诉诸法庭，保护银行不受借款人机会主义行为的侵害；或者在企业濒临破产时，向法院提出破产申请并获得司法过程中的主导权，尽可能地降低损失。哈兹尔曼、皮斯特和维格（Haselmann，Vig，2006）通过对 12 个经济转轨国家进行实证研究发现，法律确实能够促进信贷规模的增长，债权人权利保护的总体水平与信贷规模呈正相关关系；对于银行来说，担保制度比破产制度更重要，尤其是外资银行等信贷市场的新进入者，比现有的国内银行从法律变革中受益更多。通过研究他们得出的结论认为，尽管结果显示法律制度演进与信贷规模增长之间呈正相关关系，但对于法律影响信贷行为的传导途径还不能完全确定。他们进一步认为，如果能够清晰地认识法律对信贷行为的直接和间接影响，就可以证明信贷与法律之间的因果关系，这对于希望促进贷款增长的决策者来说具有重要意义。以上研究表明，法律制度对债权人的保护促进银行贷款规模的增加。

借贷市场上连接银行和借款人之间借贷行为的凭证是借贷契约。根据不完全契约理论，影响贷款人提供贷款的条件和数量的重要因素，是借款人违约时贷款人的讨价还价能力（bargaining power）(Aghion and Bolton, 1999)。换句话说，如果债权人有较强的讨价还价能力，当借款人违约时债权人更有能力获得赔偿或者控制借款人的企业，这样债权人事前能够更好地控制风险。在这种情况下，债权人倾向于按照优惠的条件提供更多的贷款，比如更低的利率、更长的贷款期限等。

在债权人权利得不到法律制度的充分保护、契约实施成本高昂的环境中，贷款期限成为债权人的重要定约工具（contracting tool）(Diamond, 2004)。当所有的融资项目都是短期贷款时，在借贷契约中债权人将有实质性的控制力，因为借款人只有偿还了旧债才有机会获得新的贷款。而贷款最终能否被归还，还是取决于法律制度对债权人权利的界定和保护。

詹内蒂（Giannetti, 2003）对8个国家的非上市公司进行了实证研究，研究发现法律制度对投资者的保护是解决委托—代理问题的关键：在对债权人权利保护水平高的国家，无形资产投资更容易获得贷款；对债权人权利保护的提高，还有助于收入波动性较强的厂商获得长期贷款。这些将提高厂商的财务杠杆率，提高厂商的负债，尤其是在股票市场发展落后的国家。德赛、佛利和海恩斯（Desai, Foley and Hines, 2004）对30个发展中和发达国家进行了实证研究，研究结果发现，活跃的股票市场和发达的法律体系对企业的成长都很重要。他们得出结论,即如果仅依靠内源融资和短期贷款,企业的成长速度有限,不同国家的公司成长速度与该国的法律制度和金融体系的发展程度相关。

(三) 法律实施与金融发展

相比法律条文,法律的执行对促进金融发展更为重要。有完善的法律条文而不执行,有时候比没有法律还要糟糕(Bhatacharya and Daouk, 2005),尤其是在转型国家(Pistor, Raiser and Gelfer, 2000; Bhatacharya and Daouk, 2002)。

皮涅鲁和卡布拉尔(Pinheiro and Cabral, 1999)、杰派利等(Jappelli et al., 2005)、裴和戈亚尔(2009)的研究发现司法效率的提高会放宽企业的信贷约束,提高银行贷款规模。詹内蒂(2003),德赛、佛利和海恩斯(2004)的研究认为,在法律对债权人权利保护较好和法律实施较好的国家,企业拥有较多的外部债务融资。

在法律制度及其执行对银行贷款期限影响方面的研究,戴蒙德(Diamond, 2004)、钱和斯强翰(Qian and Stranhan, 2007)、裴和戈亚尔(2009)发现短期贷款使贷款人能够经常评估信贷决策以控制风险;在合同实施的成本高昂或者效率低下的法律制度环境中,银行更倾向于提供短期贷款。布思等(Booth et al., 2001)、詹内蒂(2003)和法恩等(Fan et al., 2006)的研究认为,法律制度及其执行对债权人权利保护水平越高,企业获得的外部债务融资期限越长。德米尔古茨-昆特和马卡斯莫维奇(Maksimovic, 1999)研究了不同债权人权利保护水平下贷款期限的差异,通过跨国研究发现,在法律实施效率水平低的国家贷款的平均期限更短。以上研究表明法律制度及其执行对债权人的保护能够促进银行贷款的长期化。

四、法与金融理论的发展

皮斯特、雷塞和格尔费特（2000）对 24 个转轨经济国家投资者保护水平与该国证券市场发展规模的关系进行了研究，研究发现，执法效率是影响各国证券市场发展规模的一个重要因素，执法效率的低下是制约转轨经济国家金融市场发展的一个重要因素。研究结果显示，相比法律条文，执法效率对金融市场的发展水平具有更强的解释力，尤其是在转型经济国家。转型经济国家向市场经济转变所要解决的一个根本问题是如何从中央计划经济向市场经济转变，政府从经济活动的直接指挥调控的角色向制定市场经济运行规则并维护这一规则的权威性和有效性角色的转变。这一转变不完成，经济转型难以成功。投资者对执法效率缺乏信心说明法律条文的存在不等于法律的具体实施。因此，改进和完善法律条文只能部分提高证券投资市场的投资者保护水平，完善法律条文的同时提高法律执行效率才能真正提高对投资者的保护水平。

皮斯特和许（2002，2005）的研究认为，由于法律的内在不完备性，能够完全反映所有潜在损害行为的法律是不存在的。如果法律高度不完备，有些能够给经济带来重大损害的违法行为可能会发生，此时把执法权分配给监管者而不是法庭将是次优的选择。通过监管者展开主动的调查，根据具体情况采取相应的禁止损害性行为或者对其处罚的具体措施，以避免重大损害的发生。但是此时又会出现监管失灵的问题，转型经济应该发展除执法之外的机制，比如对政府机构进行的任何额外权力的转移，配合相应的治理机制使权力的滥用最小化的同时，还能创造对政府机构的激励，使它们制定社会福利而不是个人利益最大化的决策。皮斯特和许（2002，2005）的研究还指出，法律的内在不完备性是法与金融领域的重大发展，但是"谁来监督监督者"的问题仍然没有解决。虽然他们提出采用相应的治理机制的改进措施，通过政府机构权力的转移实现社会福利最大化，但是政府官员由行为人构成，如何使行为人放弃个人利益最大化成就社会福利最大化的问题仍然没有解决。

中国法律实施与金融发展之间的关系在研究中得到了一定的关注。朱文胜（1998）较早认识到国家必须用法律的形式保护银行与企业之间的契约关系，促进金融发展。倪宏伟（2000）从信贷权视角研究国有商业银行的不良资产，认为加强法律实施能够有效提高银行信贷质量，减少不良资产。杨树旺和刘荣（2003）认为，改善我国金融结构的关键在于保护股权和债权，建立金融发展所需的法律制度基础。

以上研究定性地论述了法律实施对金融发展及银行贷款的影响。在经验研究方面，艾伦（Allen et al.，2005）的研究发现中国的法律体系和金融体系都不发达，却是世界上经济增长最快的国家之一，这是目前法与金融的理论框架所不能解释的。卢峰和姚洋（2004）认为，加强法律实施对金融发展的影响不明显。余桂明和潘红波（2008）的研究认为，地区的法律实施水平和金融发展水平越高，地方国有企业获得的银行贷款越少，贷款期限越短。值得注意的是，对于艾伦（2005）及卢峰和姚洋（2004）的研究，其数据时间跨度正处于银行开始从政府配置资源的工具向现代商业银行的转变时期，尤其是1994年之前，我国还未颁布《商业银行法》，国有银行还不能称为"真正的银行"；余桂明和潘红波（2008）的研究在逻辑上与"法与金融"文献的理论是一致的：该研究的企业样本只包括在沪深交易所交易、由地方政府最终控制的上市公司，研究表明法律保护和金融发展可以在一定程度上减少政府对国有企业的低效率支持和对银行信贷决策的干预，银行因而可以更多地基于经济效率原则将信贷资源配置到更有效率的非国有部门。

（四）法律保护影响金融发展的内在机理：政治机制抑或适应能力机制

经验研究证明，法律传统能够解释金融发展的跨国差异。法律传统怎样影响金融发展以及通过什么渠道影响，主要有两个机制：政治机制和适应能力机制。

政治机制论认为，法律对私有财产权的保护是金融发展的基础，不同国家法律传统的发展历史决定了对私有财产权保护的差异，尤其是在限制王权的侵犯方面。普通法传统的发展历史是一部逐步限制王权侵犯私有财产权的历史，而大陆法传统的发展历史是一部逐步使法律成为君主控制国家机器和经济生活的工具的历史（LLSV，1999）。相对私有财产权来说，普通法系具有抵制政府侵犯私有财产的传统，有利于金融发展；而大陆法系更支持政府的权利，是政府权利的延伸，使政府能够干涉金融市场甚至不惜牺牲金融发展来膨胀政府的权力。

适应能力机制论认为，不同法律传统能够随着社会环境变化而改变的能力不同（Hayek，1960），能够有效适应社会环境、满足经济发展需要的法律传统将比刚性的法律传统更有效地促进金融发展（Merryman，1985）。普通法传统允许司法判决成为法律的来源，乔纳约利和施莱弗（Gennaioli and Shleifer，2007）的模型证明，司法观点的多样性扩大了争议解决的集合，这使得即使有些法官的判决有偏见，平均来看司法偏见将被淘汰，司法观点的多样性提高了法律的质量和准确性，因此普通法传统更能适应环境的变化（La Porta et al.，2006）。相反，那些推崇法律形式主义、强调司法过程、限制法官自由裁量权、高度依赖制定法判决的法律传统，不利于法律的演化，阻碍金融发展（Coase，1960；Djankov et al.，2003a）。乔纳约利和施莱弗（2007）的研究进一步发展了适应能力机制论的理论基础。

政治机制论和适应能力机制论都主张法律起源型塑了金融发展，然而二者对于法律体系影响金融发展的作用机制持不同看法。政治机制论强调司法独立性的跨国差异是解释金融发展跨国差异的主要因素；适应能力机制论则强调法律适应性的跨国差异是解释金融发展跨国差异的关键（Beck and Levine，2004）。两种机制的分歧集中于对德国大陆法传统的看法上。政治机制论认为，大陆法传统（包括法国大陆法和德国大陆法）强化政府权力，因此对金融体系的自由发展持机警姿态；相反，适应能力机制论认为，相比法国大陆法传统来说，普通法和德国大陆法国家的法律传统更富有弹性，能够及时满足社会发展对法律体系的要求，都能促进金融发展（Beck and Levine，2004）。

大量的文献分别对政治机制论和适应能力机制论进行经验验证。贝克等（2003b）对115个国家的研究发现：（1）在控制了政治机制渠道后，法律传统的适应性能够解释金融中介发展、股票市场发展以及私有财产权保护的跨国差异，这意味着法律传统对金融发展的影响是因为法律制度对社会环境的适应能力的差异；（2）政治机制论不能解释金融发展的跨国差异；（3）德国大陆法和英国普通法国家的金融中介、市场的发展以及在财产权保护方面都优于法国大陆法国家。Beck et al.（2005）通过对企业外部融资障碍的跨国差异的研究认为，法律体系的适应能力能够解释不同国家企业外部融资障碍的差异，司法独立的跨国差异则不能解释。

伯格曼和尼古拉埃夫斯基（Bergman and Nicolaievsky，2007）对墨西哥企业的研究发现，当企业为少数股东拥有（未公开上市）的私人企业时，私人契约协商具有灵活性，企业内部人能够有效地保护投资者权利；而当企业公开上市之后由于法律体系对外部投资人保护薄弱，使得内部人有机会选择对外部投资者进行侵害。因此，私人企业由于缔约的灵活性，更有利于保护投资者不被侵害。

阿西莫格鲁和约翰逊（Acemoglu and Johnson，2005）区分了财产权制度和缔约制度，认为前者保护居民不受政府或权力精英的侵害，后者规范了居民之间的缔约行为并可以根据不同的环境灵活缔约。通过对80个国家企业层次的数据研究，阿西莫格鲁和约翰逊（2005）的研究得出结论，即财产权制度对金融发展和长期经济增长的影响显著，缔约机制对金融中介的发展影响不显著，却是影响股票市场发展的重要因素。他们认为，政治机制和适应能力机制分别从不同方面共同影响金融发展。

（五）本章小结

1. 法与金融理论研究取得的成就

法与金融理论是20世纪末期在美国兴起的一门新兴金融学与法学交叉学科，认为各国法律制度对投资者权利的保护、对财产权的保护、私人契约安排及其实施效率等方面的差异源自于历史决定的法律传统。这些法律制度型塑了投资者的投资意愿、公司治理的效率，从而影响金融发展。法与金融理论研究十几年时间的发展取得了令人瞩目的成就：在经验研究方法上从简单的最小二乘法的回归分析到广义矩估计的动态面板数据分析方法的应用；研究领域从金融发展的宏观分析到金融中介、金融市场、行业发展、公司治理的延伸；理论发展从简单的法律传统影响金融发展的机制描述到使用数学语言的模型化表达。经验研究方法不断进步，研究领域逐步扩展并微观化，理论基础逐渐成熟。

2. 对法与金融理论观点的质疑

然而很多学者的实证研究质疑法与金融理论的观点。拉詹和津加莱斯（2003）的研究质疑法律起源是否影响金融发展。尽管法国大陆法被认为对投资者保护水平最低，而普通法对投资者保护水平最高，拉詹和津加莱斯（2003）发现 1913 年普通法国家的金融发展水平并不比大陆法国家高。1913 年法国股票市场市值占 GDP 的 0.78 几乎是美国的两倍（0.39），1980 年则发生相反的变化，法国股票市场市值占 GDP 的比率（0.09）不到美国的 1/4（0.46）。而 1999 年两个国家的股票市场发展水平相近（法国为 1.17，美国为 1.52）。

弗兰克等（Frank et al.）、阿甘纳和沃尔平（Aganin and Volpin, 2003）等的研究质疑法律制度对投资者的保护促进股权分散和金融市场发展的观点。20 世纪上半叶英国的资本市场对投资者保护非常薄弱，针对保护中小股东权利的法律制度几乎没有，这个时期却有大量的公司上市，公司所有权的集中程度并不高。20 世纪下半叶保护投资者的正式规则被引进，并没有对股票发行和股权分散起到任何作用（Frank, Mayer and Rossi, 2003）。弗兰克等（2003）认为，正是内部人和外部人之间的非正式契约建立起中小股东对控股股东的信任，从而提高投资意愿、促进股权分散和金融市场发展。阿甘纳和沃尔平（2003）的研究证明，1974 年意大利法律制度加强对投资者保护之后并没有带来公司所有权集中水平的下降，意大利 21 世纪初的公司所有权集中水平反而比 20 世纪初上升了。

此外，圭索等（Guiso et al., 2000）、史图斯（Stulz）和威廉姆逊（Williamson）（2003）分别从非正式规则和宗教文化视角研究金融发展。圭索等（2000）认为，社会资本作为社会互动的非正式规则，是金融发展的关键因素。史图斯和威廉姆逊（2003）发现，不同宗教对债权人的态度不同，天主教和伊斯兰教对债权人索取利息的行为持消极态度，基督教（新教）则保护债权人获得利息的权利，他们的研究认为，天主教和伊斯兰教国家的借贷市场及贷款发行机构较新教国家不发达的根源是各国宗教文化的差异。

3. 研究展望

目前的研究主要集中于从各种视角计量检验法律传统对金融发展的影响，由于各种原因，在计量检验的样本国家中很少涉及社会主义国家和转型国家的内容，这也使研究结论的适用性具有局限。比如在以上综述的所有文章里，极少涉及中国的数据。艾伦（2005）指出，中国的法律体系和金融体系都不发达，却是世界上经济增长最快的国家之一，这尚未能纳入法与金融理论目前的理论框架之中。卢峰和姚洋（2004）发现，由于中国金融部门存在的"漏损效应"（即金融资源从享有特权的国有部门流向受到信贷歧视的私人部门的过程），加强法律实施并不能显著提高经济的平均增长率。因此，法与金融理论在社会主义国家或者转型国家的研究与应用，或是法与金融理论的一个研究和发展方向。

正如 LLSV（1999）所说，社会历史的发展型塑法律传统进而影响金融体系和社会经济发展。然而目前大量的研究集中于从各种视角计量检验不同法系国家不同层次上的经济数据来反映法律传统与金融发展的关系，很少从历史的视角研究各个国家形成不同法律传统的原因。通过历史视角的研究，以史为鉴，为各国（尤其是发展中国家）的法律实施建设提供有益的理论建议从而促进经济发展，或是法与金融理论未来发展的又一新的研究方向。

五、债权人权利保护与借贷市场发展

（一）引言

　　法律制度对债权人权利的保护水平差异是影响借贷市场发展的重要因素。法律制度对债权人权利的保护，体现在当债务人违约时债权人有权获得抵押品的所有权。如果债权人在法律的保护下能够更容易获得偿还，债权人收回本息的概率越高，这将增加债权人的贷款意愿和贷款的供给，在贷款需求不变的情况下将降低贷款利率。

　　法律制度对债权人权利保护的经济效应有三个：第一，借款人违约时，通过法律诉讼债权人可以获得抵押品及部分贷款收益，保证贷款的安全性。第二，法律制度对债权人权利的保护可以降低银行对贷款项目申请的筛选成本。法律保护的加强使通过法律程序解决借款人的违约行为成为可能，此时银行将减少筛选成本的投入，减少非生产性行为的资金消耗，增加贷款的供给。第三，放松借款人的信贷约束。筛选成本的节约不仅提高银行资金效率，还会降低抵押率，放松借款人的信贷约束。

　　本章主要从理论和实证的角度剖析债权人权利的法律保护通过债权人的行为选择影响借贷市场发展的内在机理。本章的分析思路为：首先，介绍债权人权利保护指标体系，并论述不同国家债权人权利保护水平的差异；其次，通过理论模型解释法律对债权人权利保护对债权人行为选择的影响；再次，比较不同债权人权利保护水平下的借贷市场发展；最后，通过实证检验债权人权利保护水平与借贷市场的发展的关系。

（二）特征事实：债权人权利保护的国际比较

法律对投资者权利的保护是经济学家和法学家都关心的问题，有些学者早已对法律制度对投资者权利保护的成本和收益作出理论研究（Grossman and Hart，1988；Harris and Raviv，1988；Gromb，1993；Bebchuk，1994），然而进行法律制度对投资者权利保护量化研究是从 LLSV 的两篇经典论文《外部融资的法律决定因素》（1997）和《法律与金融》（1998）开始的。LLSV 开创了运用主流计量分析方法，从法律起源的视角研究金融发展，LLSV 经济学家组合被称为法与金融领域研究的创始人。直到今天，世界各国学者在法律制度对投资者权利保护领域的研究，仍遵循 LLSV（1997，1998）对债权人权利的量化定义。

1. 债权人权利保护的指标体系

当今世界金融发展迅速，金融工具创新日新月异，甚至出现了像可转债、大额可转让存单（CD）等模糊股票与债券边界的金融产品，即使在传统信贷领域也出现了无抵押信用贷款等打破传统模式的信贷形式，这使得法律制度对债权人权利保护问题更加复杂。考虑到目前信贷市场上绝大部分债权人是有担保债权人（secured creditor），遵循 LLSV（1997，1998）的研究传统，我们这里也从有担保债权人的视角进行研究。

各国的商法体系不尽相同，但总体而言从四个方面对债权人权利进行保护，以保证贷款安全，确保债权人拥有当债务人违约时获

得财产的权利,避免遭受债务人的侵害。这四个方面分别是:

第一,在企业重组申请被批准后,债权人是否能够获得抵押品的索取权。在各国具体的法律体系中,大部分反映在破产法(Bankruptcy Law)或重组法(Reorganization Law)中。有些国家的法律规定企业重组程序的资产自动保全(automatic stay on the assets),例如美国、日本、印度等国家,在企业进入重组程序后资产会自动保全,这阻碍了自动清算(automatic liquidation)的进行,使有担保债权人无法获得贷款抵押,是对经理人和无担保债权人的变相保护。然而在有的国家,比如澳大利亚、智利、德国等国家,在企业进入重组程序后不存在资产自动保全,这使有担保债权人能够从正在重组的公司获得担保价值,而不必要等到重组结束后,从而保护了有担保债权人获得赔偿的权利。

第二,破产企业清算后所得的收益中,有担保债权人是否具有优先偿付权,或者说企业进入破产程序后有担保债权人是否优先被偿付。有些国家,在企业进入重组程序后,有担保债权人拥有优先偿付权,这在一定程度上保护了债权人的权利,比如美国、加拿大、澳大利亚等。而有些国家,有担保债权人没有优先偿付权,比如法国、巴西、墨西哥等国。甚至在有些国家,有担保债权人的偿付顺序排在政府和企业工人之后。

第三,经理人的重组申请是否需要债权人同意。在澳大利亚、印度等国,经理人的重组申请需要经债权人同意,经理人不允许私自提出重组申请。而在美国、巴西、法国等国,经理人有权不经债权人同意单方面申请重组,这至少延长了债权人的偿还时间,相当于单方面赋予经理人重组权利,使经理人有机会侵害债权人。

第四,债务人是否保持对其重组财产的控制。有些国家,企业资产进入重组程序后,债务人将不能保持对重组财产的控制,比如美国、澳大利亚等国。而另外一些国家,企业资产进入重组程序后,债务人仍可以保持对重组财产的控制,比如巴西、法国、印度等国。对债务人管理权利剥夺的威胁在一定程度上会加强债权人权利。

对以上四个方面的赋值情况如表 5-1 所示:

表 5-1 债权人权利赋值情况

债权人权利		计分标准
C1:在企业重组申请被批准后,债权人是否能够获得抵押品的索取权。	是	1
	否	0
C2:破产企业清算后所得的收益中,有担保债权人是否具有优先偿付权。	是	1
	否	0
C3:经理人的重组申请是否需要债权人同意。	是	1
	否	0
C4:债务人是否保持对其重组财产的控制。	否	1
	是	0

注:本表最后一项赋值与 LLSV(1998)的要求不同,而是遵循了詹柯夫等(Djankov et al.,2007)的计算方法。C1、C2、C3 和 C4 分别表示四项债权人权利保护。

2. 债权人权利保护的替代机制

法律制度对债权人保护薄弱时,经济机制自发演化出相应的替代机制,这尤其表现在大陆法系国家。相应的机制包括信息披露和法定准备要求(legal reserve requirement)。

信息披露是削弱债权人和债务人之间信息不对称的有效手段。通过规定有效的信息披露规则,能够在保护私人隐私的前提下充分披露债务人信息,加深债权人对债务人的了解,形成稳定的预期,从而加强债权人放贷意愿。通常世界各国的信息披露通过建立征信记录(credit registries)(私人或公共征信记录)来实现。

西方发达国家开展信用征信活动已经有一个多世纪的历史,但世界各国通过立法规范信用信息征集活动普遍较晚,且不同国家立法的倾向性差异导致不同国家征信行业发展结构的参差不齐。欧洲国家征信立法倾向于更为重视个人隐私的保护，对征信机构的限制较多，征信机构的运作成本较高，最终导致在信用征信方面落后于美国。美国征信立法倾向于促进征信行业的发展，对征信机构限制较少，征信机构运作成本低，故其在信用征信方面领先他国。

各国的征信机构基本有两类构成：一类是公共征信机构（Public Credit Registries），另一类是私人征信机构（Private Credit Registries）。公共征信机构一般带有公益性，数据收集和使用方面的主要参与者是银行和其他类型的金融机构，通常由中央银行或者金融监督管理部门操作或主管。私人征信机构一般为商业性征信机构，以营利为目的，但数据收集范围相比公共征信机构更为广泛。

征信机构的发展使债权人更方便更充分地了解债务人信用信息，这一方面降低了债权人的筛选成本，另一方面降低了债务人的违约率。征信系统的产生和发展还会增加债务人的违约成本。债务人的违约行为一旦进入征信系统记录，在以后的经济行为中债务人将很难举债；换句话说，债务人因违约行为存在被踢出信贷市场的威胁。

根据2003年各国的征信记录使用情况，普通法国家使用率最低（69.4%），斯堪的纳维亚法系国家使用率最高（100%），这明显是面对北欧四国近年来债权人保护水平大幅下降的替代。法国法系国家和德国法系国家的使用率分别为90.6%、94.4%。法国法系国家来自公共征信机构的信用记录比率为76.6%，在四类法系国家中排名第一，其他的分别为德国法系国家（61.1%），普通法系国家（25%）和斯堪的纳维亚法系国家（0）。而斯堪的纳维亚法系国家的征信记录基本来自私人征信机构，法国法系国家私人征信记录相对最低（35.9%），德国法系国家和普通法系国家分别为55.6%、50%。

五、债权人权利保护与借贷市场发展

债权人权利法律保护的另一种替代机制是法定准备要求,比如债务股本比率(debt-to-equity ratio)。债务股本比率显露出企业管理者在多大程度上愿意举债经营,而不是利用自有股本。债权人对这一比率尤其敏感,因为过高的债务股本比将使他们面临贷款无法收回的风险。很多国家通过规定负债股权比限制公司财务杠杆比率,迫使公司用超额现金流量偿付债务,或者用现金支付、投资者自身投入更多股本等限制性要求,作为法律保护债权人权利的替代机制。这在法国法系国家相对普遍。

3. 债权人权利的国际比较

债权人关注的是债务人违约时资金的回收率,它很大程度上取决于企业重组或清算时法律对债权人权利保护。这涉及公司法、重组法、破产法、清算法、证券交易法等一系列相关立法。詹柯夫等(2007)基于上文对债权人权利保护指标体系的建立和赋值,通过追踪各国商法体系对上文四个指标的规定及其变化,建立了反映法律制度对债权人保护程度的指标数值表。该表根据世界上129个国家,按照各个国家1978—2003年每年一月份法律制度对上述债权人权利四个指标的规定得出,是目前"法与金融"领域中,覆盖国家范围最广,追踪各国法律规定变化最及时的研究之一。

在四个反映债权人权利保护的指标中,普通法传统国家对债权人保护水平高于大陆法传统国家,该法系国家债权人保护水平均保持在2以上,尤其是高于法国大陆法传统国家。大陆法传统国家中,德国大陆法系国家对债权人保护水平最高,接近普通法系国家,近几年甚至超过普通法系国家,组内均值达到2.33水平。斯堪的纳维亚法系国家对债权人保护水平相对较低,且波动幅度较大,整体呈下降水平,由最高时的2.50下降到2003年的2以下(1.75)。法国大陆法系国家在四个法系中债权人保护水平最低,均保持在1.5以下,并且相对比较平稳。(见图5-1)

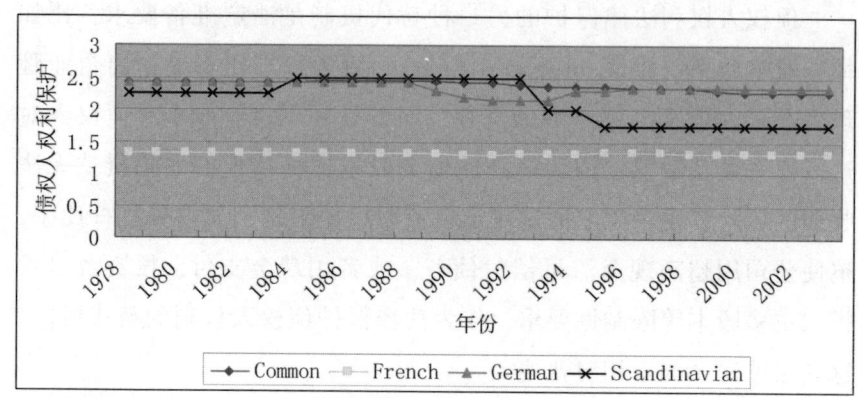

图 5-1 1978—2003 年四类法律传统国家的债权人保护水平

数据来源：根据 Djankov et al.(2007) 对债权人保护的指标计算得出，本图包含 123 个国家和地区 [不包括 Djankov et al.(2007) 样本中的苏联解体后的国家]，分别表示四类法律传统国家对债权人保护水平的组内均值。

从变化趋势上来看，四类法律传统国家各不相同。普通法系国家相对平稳，但近几年有下降趋势；德国大陆法系国家虽有波动，但近几年呈平稳上升趋势，甚至超越了普通法系国家；斯堪的纳维亚法系国家波动幅度最大，且近几年呈下降水平；法国大陆法系国家一直比较平稳，但始终是对债权人权利保护最弱的法系。四类法系国家中，普通法系国家和德国大陆法系国家对债权人保护水平具有收敛趋势，而斯堪的纳维亚法系国家与法国大陆法系国家具有收敛趋势。四类法系国家没有明显的收敛趋势，相对来讲，发散趋势较为显著（见图 5-1）。

表 5-2 是按照法系，对 123 个国家和地区 2003 年法律对债权人四项权利保护得分的平均分计算结果。从四项债权人权利每项得分来看，普通法系国家四项得分均比较高。对于第一项，"在企业重组申请被批准后，债权人是否能够获得抵押品的索取权"（C1），普通法国家得分均值最高（0.417），但低于 LLSV（1998）的 0.72 分；德国法系国家得分最低（0.222），且低于 LLSV（1998）的 0.67 分；

法国法系国家和斯堪的纳维亚法系国家的得分分别为 0.266、0.250，与 LLSV（1998）的结果相同。因此在 C1 的得分排名中，法国法系国家的排名由第四位上升到第二位，德国法系国家排名从第二位降低到第四位。

表5-2 四类法系国家四项债权人权利得分均值

	C1	C2	C3	C4
Common	41.7%	50.0%	72.2%	63.9%
French	26.6%	31.3%	45.3%	29.7%
German	22.2%	50.0%	88.9%	72.2%
Scandinavian	25.0%	25.0%	100.0%	25.0%

数据来源：根据 Djankov et al.（2007）对债权人保护的指标计算得出。

对于第二项，"破产企业清算后所得的收益中，有担保债权人是否具有优先偿付权"（C2），普通法系国家和德国法系国家的得分最高（0.500），但相比 LLSV（1998）的结果（普通法系国家为 0.89，德国法系国家为 1.00）都有所下降。法国法系国家和斯堪的纳维亚法系国家也分别从 LLSV（1998）的 0.65 和 1.00，下降到 0.313 和 0.250。其中，斯堪的纳维亚法系国家下降的最多，由原来的第一位下降到第四位。

对于第三项，"经理人的重组申请是否需要债权人同意"（C3），斯堪的纳维亚法系国家得分最高（1.000），相比 LLSV（1998）的结果（0.75），上升了 0.25。法国法系国家和德国法系国家的得分为 0.453 和 0.889，比 LLSV（1998）的结果分别提高了 0.033 和 0.559。普通法系国家得分与 LLSV（1998）的结果相同（0.722）。

对于第四项，"债务人是否保持对其重组财产的控制"（C4），除普通法系国家外，其他三个法系国家得分均有所上升。其中德国法系国家得分最高（0.722），相比 LLSV（1998）的结果上升了

0.392，法国法系国家由0.26上升到0.297，斯堪的纳维亚法系国家由0上升到0.250。普通法系国家虽然排第二名（0.639），但相比LLSV（1998）的结果下降了0.141。

综合以上分析，在债权人四项权利得分中，普通法系国家得分相对较高，德国法系国家得分提高最大，斯堪的纳维亚法系国家波动最大，法国法系国家仍然较低。造成各国债权人权利得分波动的原因有两个：第一，本章所用样本国家为123个国家和地区，相比LLSV（1998）的样本49个国家，涵盖国家范围更广；第二，本章数据的时间跨度相比LLSV（1998）长，在这过程中有些国家修改了商法体系，进而改变债权人权利得分。

表5-3根据人均GDP排序得出低收入国家与高收入国家的组内均值。其中低收入国家是指当年人均GDP低于平均值，高收入国家是指当年人均GDP高于平均值的情况。其中每个国家人均GDP均按照以1978年为基期的不变美元（constant dollar）计算得出，并按照当年购买力平价（PPP）汇率折算。总体来看，低收入国家对债权人保护水平低于高收入国家，且低收入国家呈下降趋势，而高收入国家对债权人保护水平相对平稳。

表5-3 不同收入水平国家对债权人权利保护均值

	1978	1983	1988	1993	1998	2003
Poor countries	1.490	1.490	1.490	1.469	1.408	1.367
Rich countries	2.106	2.106	2.149	2.042	2.020	2.020
t-testrich vs. poor	-2.561***	-2.561***	-2.702***	-2.354**	-2.582***	-2.801***

注：***、**、*分别表示在1%、5%、10%的统计水平上显著。根据Djankov et al.（2007）对债权人保护的指标计算得出，本表包含123个国家和地区［不包括Djankov et al.（2007）样本中的前苏联解体后的国家］。

（三）债权人的行为选择：理论模型分析

经济学理论认为决定借贷市场发展的因素有两个：对债权人权利的保护和借贷双方的信息是否对称。当债权人在法律的保护下能够更容易地获得偿还，比如可以获得抵押品所有权，或者获得企业控制权，这将提高债权人的贷款意愿（Townsend，1979；Aghionand Bolton，1992；Hart and Moore，1994，1998）。当债权人对投资项目充分了解，甚至比借款人更了解时，借贷市场上将不会发生"柠檬问题"（lemons problem），这也会提高债权人的贷款意愿（Russell，1976；Stiglitz and Weiss，1981）。然而现实中借贷双方信息不对称的情况往往是常态，通过规范信息披露规则，通常的做法是建立征信记录（credit registries）（私人或公共征信记录），使贷款人更了解贷款项目申请的相关信息。

法律制度对债权人权利的保护体现在当债务人违约时债权人有权获得抵押品所有权。债务人的违约行为的发生分为两种情况：第一，债务人没有能力偿还借款，比如债务人借款用于非生产性行为，或者虽用于生产性行为却投资失败；第二，债务人有能力偿还借款，但为了自身利益最大化而选择拒绝偿还贷款，这主要发生于违约带来的收益高于履约的情况。抵押品在借贷行为中的出现正是起源于对道德风险（moral hazard）问题的解决。

债权人对抵押品的索取权对借款人的违约行为带来成本。没有抵押品索取权的债权人将很难收回本息，此时借款人也将得不到贷款。而债权人对抵押品的索取权的拥有和实施，有赖于法律制度的保护。法律制度对债权人权利保护力度越大，债权人收回本息的概率越高，这将增加债权人的贷款意愿和贷款的供给，在贷款需求不变的情况下将降低贷款利率。

法律制度对债权人权利保护的经济效应有三个：第一，借款人违约时，通过法律诉讼，债权人可以获得抵押品及部分贷款收益，保证贷款的安全性。第二，法律制度对债权人权利的保护可以降低银行对贷款项目申请的筛选成本。法律保护的加强使通过法律程序解决借款人的违约行为成为可能，此时银行将减少筛选成本的投入，减少非生产性行为的资金消耗，增加贷款的供给。第三，放松借款人的信贷约束。筛选成本的节约不仅提高银行贷款效率，还会降低抵押品价值占贷款的比例，放松借款人的信贷约束。我们将以上分析用图5-2进行总结：

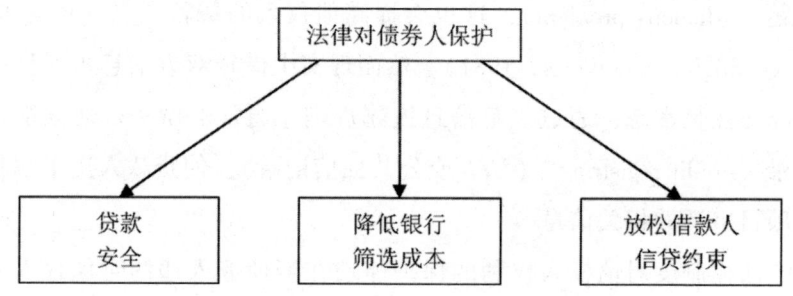

图 5-2　法律制度对债权人权利保护的经济效应

本节通过建立理论模型，分析法律制度对债权人保护的影响。法律对债权人权利保护的影响主要从两方面体现：第一，降低银行筛选成本（screening cost），假设银行筛选成本随着法律制度对债权人权利保护水平的提高而下降。这是因为随着法律对债权人保护水平的提高，债权人贷款的安全性上升，这降低了银行在筛选放贷项目时的要求，从而降低银行的筛选成本。第二，采用债权人可以获得抵押品代表法律制度对债权人权利的保护。本部分比较分析了两种法律制度环境（法律对债权人抵押品索取权提供保护和不提供保护）下借贷市场的发展，并比较了法律对债权人权利保护程度的不同对抵押率（抵押品价值/贷款总额）的影响。

五、债权人权利保护与借贷市场发展

1. 基本假设

假设借贷市场上有 n 个连续的借款人 b_i,i = 1,2,3……n。借款人 b_i 没有流动资产,但拥有 C_i 单位的固定资产可以作为抵押品。b_i 投资一个项目需要 L_i 个单位的贷款,设抵押率 $c_i = C_i/L_i$。投资项目分为两类:好的投资项目和坏的投资项目。一个投资项目是好项目的概率设为 $p(p \in (0,1))$,那么坏的投资项目的概率就是 $1-p$,借款人知道项目的质量。好的投资项目每单位投资的产出设为 $1+\pi$,坏的投资项目的产出为 0。借款人的借款成本为 r_i。

假设有 m 个连续的银行 C_l,$l = 1,2,3……m$。银行不知道项目的质量好坏,但通过筛选可以获得投资项目的质量信息。假设银行资金的单位成本为 $\bar{r}$,每单位贷款的筛选成本为 S。

借款人和银行都是风险中性的。所有的项目具有正的净现值(NVP),因此它们的期望收益要大于银行的资金成本,即:

$$p(1+\pi) > 1+\bar{r} \tag{5.3.1}$$

如果借款人违约,将会发生以下两种情况:第一,法律制度对银行的抵押品索取权缺乏保护。此时借款人可以通过内部人操作转移抵押品,而银行对抵押品的索取得不到法律的支持和保护。第二,法律制度保护债权人的权利,银行可以通过诉诸法庭获得抵押品或者收益。假设银行诉诸法庭后能够获得抵押品和投资项目的 φ 部分收益,$\varphi \in (0,1)$。φ 表示法律制度对债权人权利的保护程度,φ 越大表示法律制度对债权人权利保护程度越高。设 $S = (1-\varphi)(1+\bar{r})$,随着法律对债权人权利保护的提高(即 φ 的增大),银行对投资项目的筛选成本将会降低。

在第二种情况下,如果诉诸法庭,银行得到的收益为 $\varphi(1+\pi) + c_i$(当该项目为好的投资项目时)或者 c_i(当该项目为坏的投资项目时)。当该项目为好的投资项目时,如果 $1+r_i > \varphi(1+\pi) + c_i$,借款人将会有违约动机,从而向银行的支付为 $\varphi(1+\pi) + c_i$。如果 $1+r_i \leq \varphi(1$

$+\pi)+c_i$，借款人将履约，向银行的支付为 $1+r_i$。当该项目为坏的投资项目时，如果 $1+r_i \geq c_i$，借款人将会有违约动机，从而向银行的支付为 c_i。如果 $1+r_i \leq c_i$，借款人将履约，向银行的支付为 $1+r_i$。

以上内容如表 5-4 所示：

表 5-4　法律制度保护银行的抵押品索取权时借款人的支付选择

好的投资项目		坏的投资项目	
$1+r_i > \varphi(1+\pi)+c_i$ 时	$\varphi(1+\pi)+c_i$	$1+r_i \geq c_i$ 时	c_i
$1+r_i \leq \varphi(1+\pi)+c_i$ 时	$1+r_i$	$1+r_i \leq c_i$ 时	$1+r_i$

银行通过诉诸法庭解决贷款合约问题是需要花费成本的，包括诉讼成本、时间成本等。为了避免通过法律程序解决，激励借款人履约，银行向借款人 b_i 索要的利率 r_i 将满足以下约束条件：

$$1+r_i \leq \varphi(1+\pi)+c_i \tag{5.3.2}$$

此时，银行得到的收益为：$1+r_i-S$

2. 经济效应分析

当法律制度缺乏对债权人权利保护时，无论投资项目质量的好坏，借款人都会选择违约，此时借款人的支付为：

$$p\min(1+r_i,0)+(1-p)\min(1+r_i,0)=0 \tag{5.3.3}$$

因此，当法律制度缺乏对债权人权利保护时，理论上讲银行将不会向借款人贷款。

当法律制度对债权人权利保护时，银行可以通过诉诸法庭获得抵押品或者收益。基于上文的分析，我们得出借款人的支付为：

$$p\min(1+r_i,\varphi(1+\pi)+c_i)+(1-p)\min(1+r_i,c_i) \tag{5.3.4}$$

公式（5.3.4）体现了借款人的机会主义行为倾向。

均衡时，银行的收益等于贷款人的支付，即：

$$1+r_i-S=p\min(1+r_i,\varphi(1+\pi)+c_i)+(1-p)\min(1+r_i,c_i) \tag{5.3.5}$$

由约束条件（5.3.2）可得：

$$1+r_i-S=p(\varphi(1+\pi)+c_i)+(1-p)\min(1+r_i,c_i) \quad (5.3.6)$$

当 $1+r_i \leqslant c_i$ 时，$c_i>1$ 借款人全额抵押，此时银行将提供足够的贷款，但是此时的"贷款"将毫无意义。

当 $1+r_i>c_i$ 时，$c_i=1+r_i-S-p\varphi(1+\bar{r})$，把 $S=(1-\varphi)(1+\bar{r})$ 代入并整理得：

$$c_i=1+r_i-(1+\pi)(\varphi(1-p)+p) \quad (5.3.7)$$

从公式（5.3.7）可以得出，随着 φ 的增大，c_i（贷款抵押率）减小，即随着法律制度对债权人权利保护的提高，贷款抵押率减小，借款人的信贷约束将会放松（如图5-3）。

基于上文的分析我们得出，法律制度从两方面向债权人提供保护：保证抵押品索取权和诉诸法庭时获得违约债务人收益。当 $\varphi=0$ 时，债权人只能通过获取抵押品所有权保证贷款安全。由上面公式我们得出 $\varphi=0$ 时：

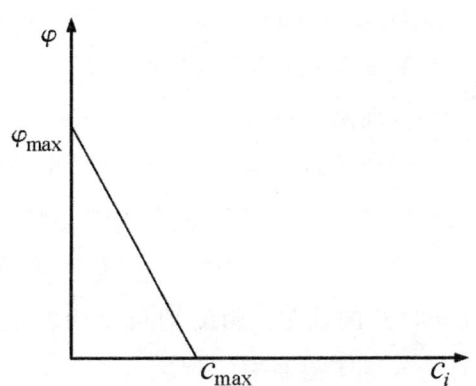

图5-3 随着法律对债权人保护水平（φ）的提高，贷款抵押率（c_i）下降

$$c_i=1+r_i-p(1+\pi) \quad (5.3.8)$$

我们知道 $c_{max}=1$，带入公式（5.3.8）可以得出 $1+r_i-p(1+\pi)$ =1 时的债务人面对的银行贷款利率为：

$$r_i=p(1+\pi)-1 \quad (5.3.9)$$

当 $c_i=0$ 时，根据公式（5.3.7）我们可以得出：

$$\varphi_{max}=\frac{1+r_i-p(1+\pi)}{(1-p)(1+\pi)} \quad (5.3.10)$$

公式（5.3.10）即为法律制度对债权人权利保护的最大值。

（四）不同债权人权利保护水平下的借贷市场发展

本节我们将介绍关于信贷市场上资金的提供者——金融机构的几个基本指标，在这里我们关注各金融机构的发展情况对信贷市场（主要是来自银行贷款的信贷市场）的影响和作用。有关各国金融中介方面的数据根据国际货币基金组织（IMF）的国际金融统计（International Financial Statistics，IFS）数据库2007年数据整理。

衡量金融机构负债情况的指标有两个：流动负债规模（ll）和银行存款规模（bd）。

传统的研究中用金融中介的规模与经济活动规模的比例衡量金融机构的发展，以表示一国或地区的"金融深度"（Goldsmith，1969；McKinnon，1973）。这里我们沿用金（King）和莱文（1993）的定义，用流动负债规模（ll）表征金融深度的传统指标，它等于流通中的现金与金融机构可生息负债之和除以GDP。国际货币基金组织的IFS数据库把金融机构分为三类：第一类由中央银行和货币当局组成；第二类是指存款货币银行；第三类是其他非银行金融机构。我们的数据根据IFS的55l行统计数据获得，有些国家55l行数据缺失，我们根据金和莱文（1993）的计算方法取34行和35行之和。

从不同债权人权利保护水平来看，随着债权人权利得分的升高，流动性负债规模呈上升的趋势。债权人权利得分为0的样本国家平均流动性负债规模最小（0.29），债权人权利得分为4的样本国家平均流动性负债规模最大（1.09）。（图5-4）

按照法律起源来看，德国大陆法系国家的流动性负债规模最高（0.82），是法国大陆法系的近两倍。普通法法系国家和斯堪的纳维亚法系国家居于中间。从四种法系国家债权人权利平均得分来看，

五、债权人权利保护与借贷市场发展

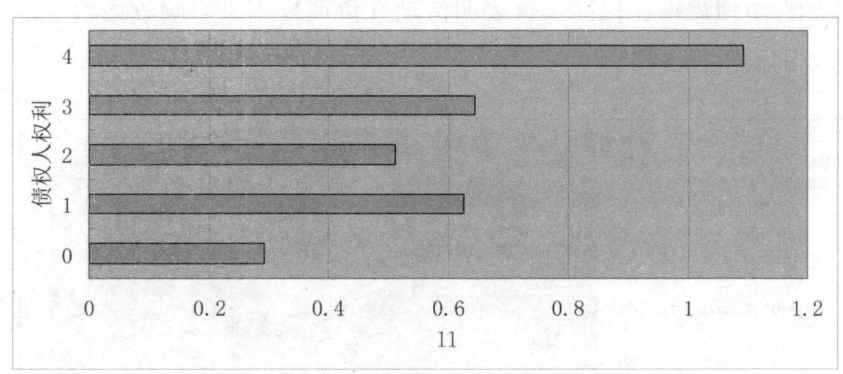

图 5-4 不同债权人权利保护水平下的流动性负债规模

数据来源：国际货币基金组织（IMF）国际金融统计（IFS）数据库。

德国大陆法系债权人权利得分最高（2.33），法国大陆法系国家得分最低（1.32），普通法法系国家和斯堪的纳维亚法系国家分别为 2.27 和 1.75。由此我们可以得出，相比法律起源，对债权人权利保护水平更能解释流动性负债规模的变化差异（图 5-5）。

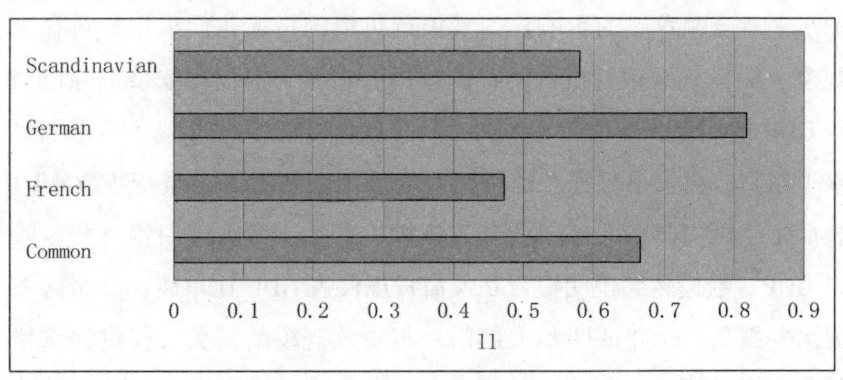

图 5-5 不同法律起源的流动性负债规模

数据来源：国际货币基金组织（IMF）国际金融统计（IFS）数据库。

我们按照世界银行（WB）的分类，把样本国家按照收入水平分为五类。从收入水平来看，随着收入水平的提高，样本国家的平均流动性负债规模在提高，这表明流动性负债规模是影响收入水平的重要因素（图5-6）。

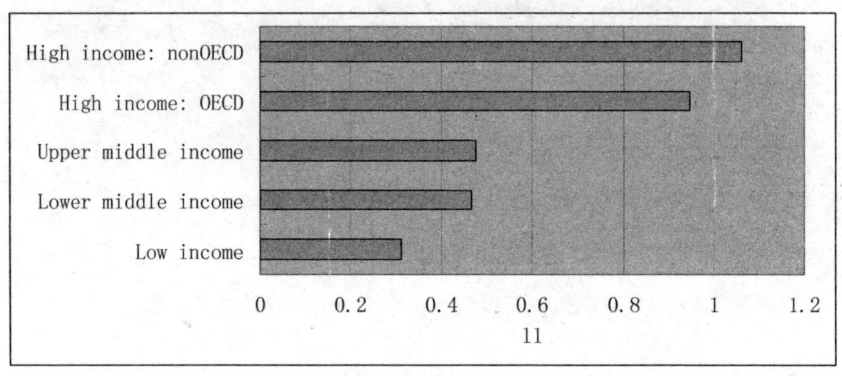

图5-6　同收入水平国家的流动性负债规模

数据来源：国际货币基金组织（IMF）国际金融统计（IFS）数据库。

考虑到银行作为重要的金融机构，接下来我们分别选取表征银行负债和资产的两个代表性指标来讨论法律制度对债权人权利的保护水平对金融发展的影响。衡量银行负债的指标我们采用银行存款规模（bd）表征银行机构的存款规模，它等于银行存款余额除以当年GDP的比率，数值越大说明银行存款占GDP比重越高，金融发展水平越高。衡量银行资产的指标我们采用银行私人信贷规模（pcb）表征银行机构向私人部门的贷款规模，它等于私人部门银行贷款除以GDP，数值越大说明银行私人信贷规模占GDP比重越高，金融发展水平越高。研究证明私人部门获得贷款规模的扩大，促进经济增长和贫困的减少（Beck, Levine and Loayza, 2000; Beck, demirguc-Kunt and Levine, 2007）。

图5-7、5-8和5-9显示了样本国家银行资产负债规模情况：样本国家平均银行资产负债规模随着债权人权利保护水平的提高而扩大，随着收入水平的上升而增加。这进一步证明了私人部门获得

五、债权人权利保护与借贷市场发展

贷款规模的扩大对经济发展的促进作用。从不同法律起源来看,斯堪的纳维亚法系国家的银行私人信贷规模远远高于其他三个法系国家,法国大陆法系国家仍然是最低的。

中央银行资产规模（cba）等于各国中央银行资产总额除以当年GDP。银行资产规模（bag）等于各国银行资产总额除以当年GDP。

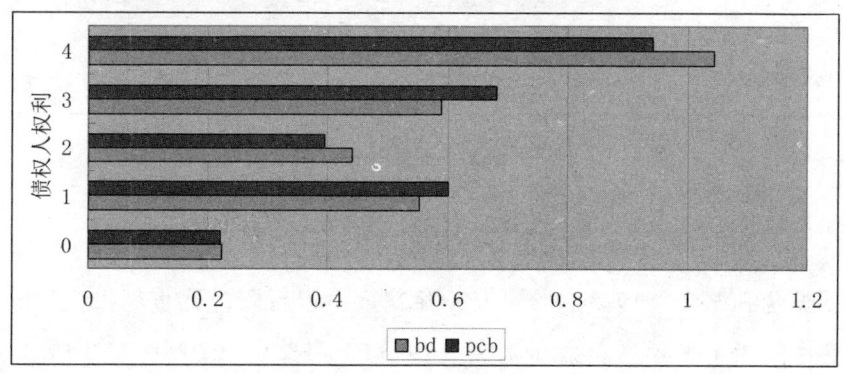

图 5-7　不同债权人水平下的银行资产负债规模

数据来源：国际货币基金组织（IMF）国际金融统计（IFS）数据库。

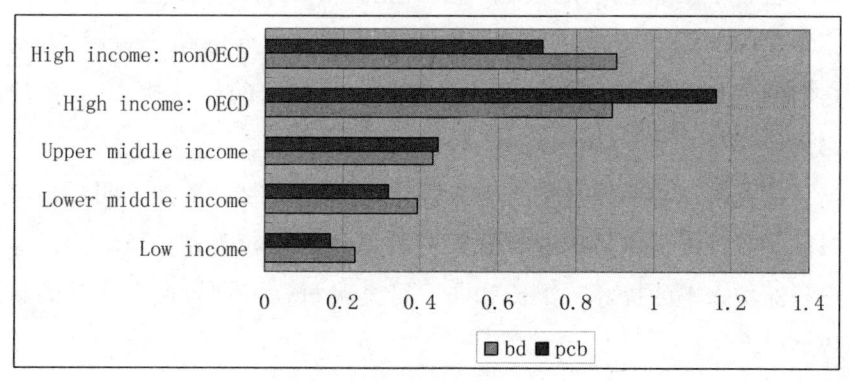

图 5-8　不同收入水平国家的银行资产负债规模

数据来源：国际货币基金组织（IMF）国际金融统计（IFS）数据库。

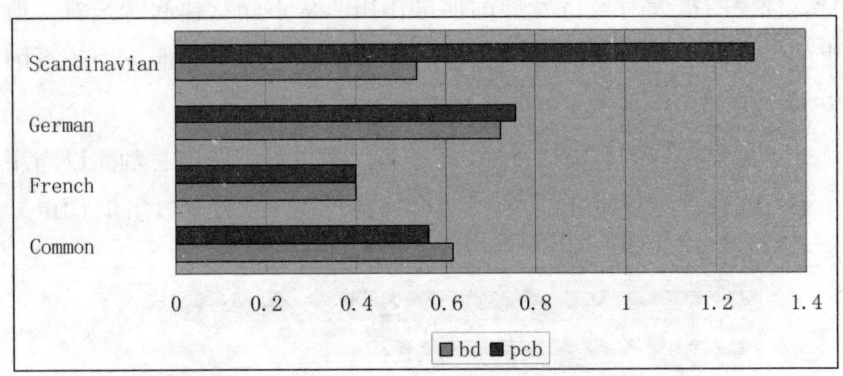

图 5-9 不同法律起源国家的银行资产负债规模

数据来源：国际货币基金组织（IMF）国际金融统计（IFS）数据库。

根据金和莱文（1993）的研究，存款货币银行资产比重越大，该国金融发展水平越高。金和莱文（1993）、洛艾萨（2000）的研究证明，存款货币银行资产比重越大，经济增长越快。非银行金融机构资产比重（nbag）等于各国非银行金融机构资产总额除以当年GDP。

以上三个指标表征三类金融机构资产占经济规模的比重，这些资产包含了对包括政府机构、公共企业和私有部门的全部非金融实体部门的权益。这三个指标构成衡量金融中介的综合指标体系，它们的加总代表了金融中介机构对非金融部门的权益相对 GDP 的比例。

债权人权利保护水平与中央银行资产规模的关系并不明显，与银行和非银行金融机构资产规模的关系相对比较明显：随着债权人权利保护水平的提高，银行和非银行金融机构资产规模呈上升的趋势。（图 5-10）

在各国的金融体系中银行机构占有很大的比例，尤其是在新型市场国家和发展中国家。因此除了上文我们提到的衡量金融发展的金融机构规模的指标，接下来我们进一步建立了关于银行效率的指标

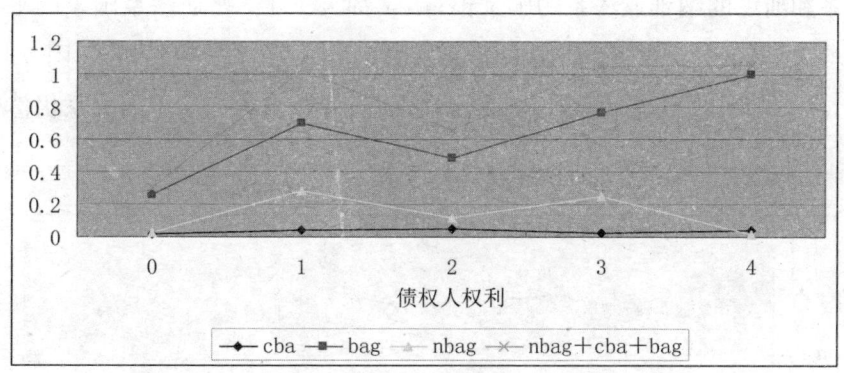

图 5-10　不同债权人权利水平下的金融机构资产规模

数据来源：国际货币基金组织（IMF）国际金融统计（IFS）数据库。

体系：银行存贷比（cdr）、成本收益比（cir）、管理费用占比（ocr）、资产收益率（roa）和净资产收益率（roe）。

银行存贷比（cdr）等于存款货币银行对私人部门的贷款占当年存款余额比重，衡量银行中介的存款转化为私人部门信贷的水平。虽然存款不是银行的唯一资金来源，贷款也不是银行的唯一投资渠道，但是研究表明高的存贷比与银行效率成正比（Beck and Demirguc-Kunt，2009）。如果银行存贷比（cdr）大于1，说明有非存款资金转化为私人部门贷款，这会导致资金的不稳定，这正是目前欧洲国家的银行面临的问题（Beck and Demirguc-Kunt，2009）。

成本收益比（cost-income ratio，cir）等于管理费用除以总收入，该比率越高表明银行效率越低，反之则相反。

债权人权利得分与银行存贷比（cdr）没有明显的关系，但是债权人权利为1和3的样本国家的平均银行存贷比（cdr）都大于1，由此也可以看出2008年金融危机的预兆。成本收益比（cir）随着债权人权利得分的升高而降低，这说明随着债权人权利保护水平的提高，银行的效率在上升（图5-11）。从法律起源来看，德国大陆法系和斯堪的纳维亚法系的国家银行 cir 都大于 1；普通法系国家的平均 cir 最低（0.56），法国大陆法系国家的 cir 最高（0.68）（图 5-12）。随着收入水平的上升 cir 也在下降，cdr 与收入水平的关系仍然不明显（图 5-13）。

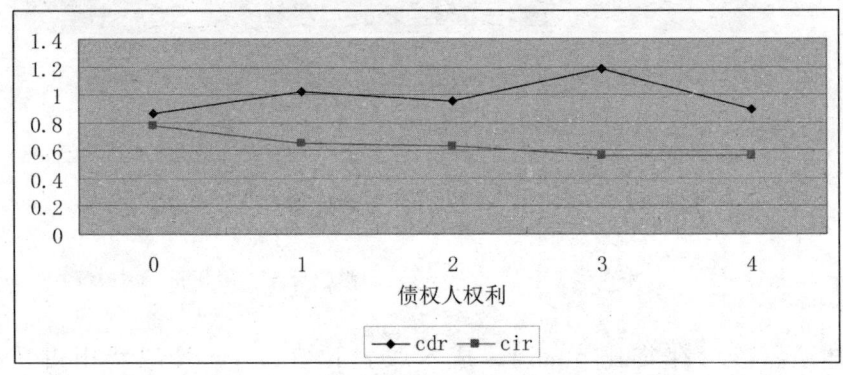

图 5-11　不同债权人权利水平下的银行效率情况

数据来源：国际货币基金组织（IMF）国际金融统计（IFS）数据库。

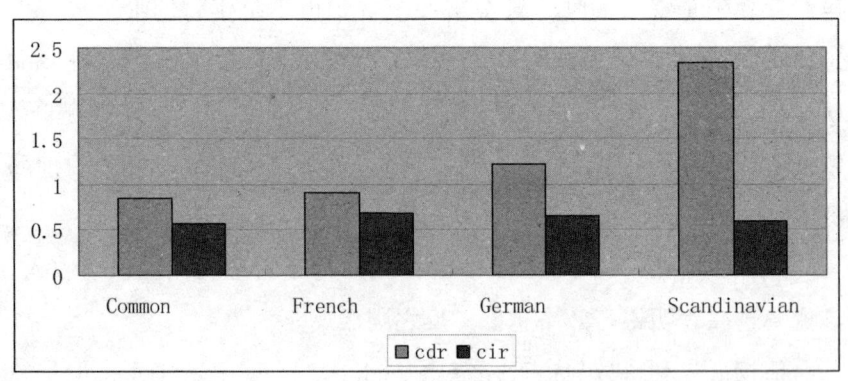

图 5-12　不同法律起源的银行效率情况

数据来源：国际货币基金组织（IMF）国际金融统计（IFS）数据库。

五、债权人权利保护与借贷市场发展

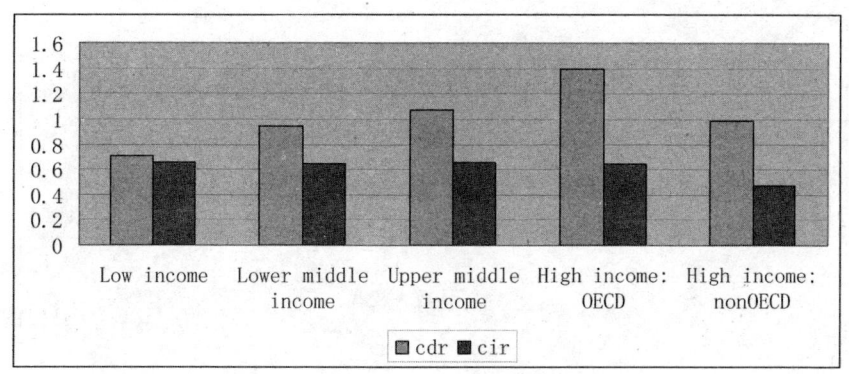

图 5-13　不同收入水平下的银行效率情况

数据来源：国际货币基金组织（IMF）国际金融统计（IFS）数据库。

我们采用资产收益率（roa）和净资产收益率（roe），用以衡量银行运用其全部资金获取利润的能力和银行运用自有资本的效率。

管理费用占比（overhead cost，ocr）等于银行管理费用账面价值除以总资产。管理费用比重越高，银行成本越大，银行效率越低，反之则越高。

以上指标均采用当年各国国内银行相应指标的算术平均值。

随着债权人权利得分的上升 roa 和 roe 都有所提高，其中 roe 更明显。ocr 随着债权人权利得分的上升呈下降的趋势。这充分说明，随着债权人权利保护水平的上升银行运用其全部资金获取利润的能力和运用自有资本的效率在提高，银行效率在上升（图 5-14）。

从法律起源来看，普通法法系国家的银行平均 roa 和 roe 最高，法国大陆法系国家的最低；法国大陆法系国家的银行平均 ocr 最高，斯堪的纳维亚法系国家的银行平均 ocr 最低。由此我们可以得出，普通法法系国家银行运用其全部资金获取利润的能力和运用自有资本的效率最高，法国大陆法系国家最低（图 5-15）。

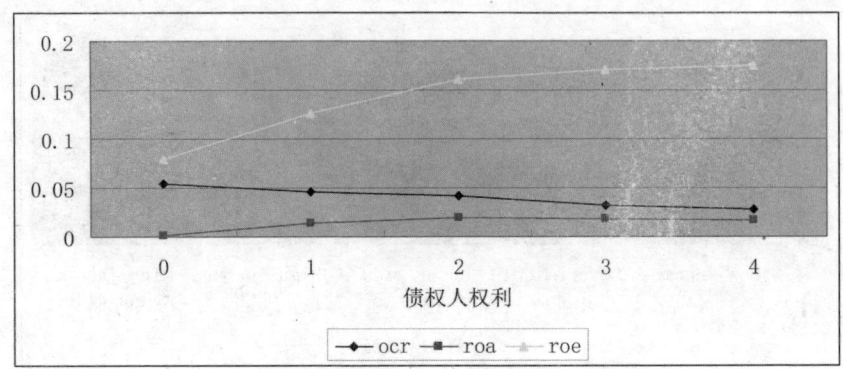

图 5-14　不同债权人权利水平下的银行盈利情况

数据来源：国际货币基金组织（IMF）国际金融统计（IFS）数据库。

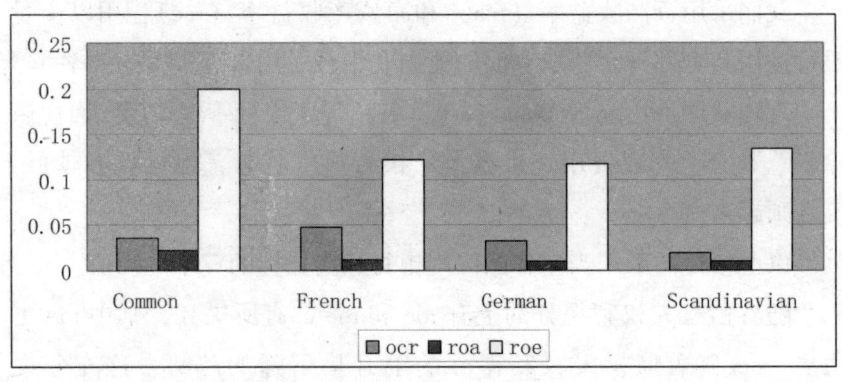

图 5-15　不同法律起源的银行盈利情况

数据来源：国际货币基金组织（IMF）国际金融统计（IFS）数据库。

从收入情况来看，随着收入水平的上升，银行的 roa、roe 也都在上升，而 ocr 呈下降的趋势。由此我们可以得出，随着收入水平的上升，银行的盈利情况和效率都在改善（图 5-16）。

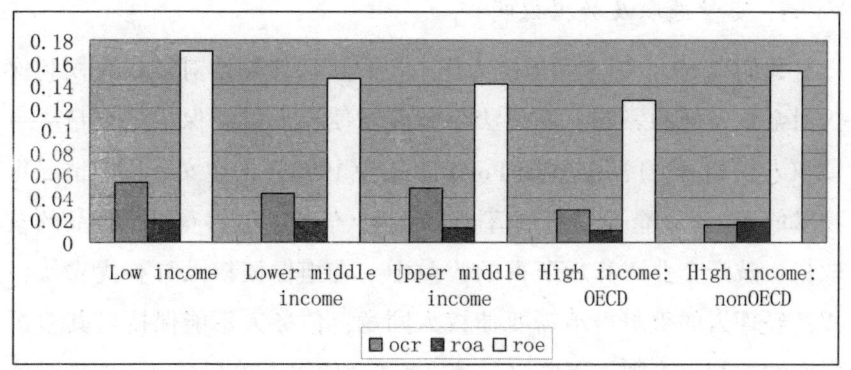

图 5-16　不同收入水平下的银行盈利情况

数据来源：国际货币基金组织（IMF）国际金融统计（IFS）数据库。

（五）实证检验：债权人权利保护水平与借贷市场的发展

法律对债权人的保护水平是影响信贷市场发展的重要因素。法律制度对债权人保护水平的提高，可以提高贷款的安全性，提高贷款人的贷款意愿，降低抵押品价值占贷款的比率，从而放松借款人的信贷约束，促进信贷市场发展。法律对债权人的保护，主要通过四个方面实现：在企业重组申请被批准后，债权人能够获得抵押品的索取权；破产企业清算后所得的收益中，有担保债权人具有优先偿付权；经理人的重组申请需要债权人同意；债务人不能保持对其重组财产的控制。然而这四个方面的权利保障并不是每个国家都能做到，相反，都能做到的国家还是少数；在我们的样本里，只有英国、以色列、新西兰和津巴布韦这四个国家在这四项中得满四分。当法律对债权人提供的保护水平不足时，经济机制会衍生出相应的替代机制以弥补法律保护不足，这些替代机制包括信息披露等，其中信息披露以征信记录最为普遍。

1. 变量选取及数据说明

我们以 69 个国家和地区为样本，分析法律制度对债权人权利保护对金融发展的影响。反映法律制度对债权人权利保护的变量——债权人权利（cr）：按照 La Porta et al. (1998) 的定义，以下情况每项赋值为 1：在企业重组申请被批准后，债权人能够获得抵押品的索取权；破产企业清算后所得的收益中，有担保债权人具有优先偿付权；经理人的重组申请需要债权人同意；债务人不能保持对其重组财产的控制。否则，该项权利赋值为 0。债权人权利是以上四项赋值的加总，取值范围为 0 到 4 之间。

根据上一节的分析，我们选取银行存款规模（bd）和银行私人信贷规模（pcb），分别从资产、负债和效率方面衡量金融发展。

关于控制一个国家其他相关情况的控制变量，我们选取：

人均 GDP（gdppc）指标用于表征和控制整体经济运行状况。该指标在计量检验时我们取对数后进入模型检验。

通货膨胀率（infl）指标用于控制通货膨胀对债务实际存量的影响。

法律起源指标用于表征各个国家法律体系的起源，我们用四个虚拟变量表示：comm=1 时表示该国属于普通法系国家，否则为 0；fren=1 时表示该国属于法国法系国家，否则为 0；germ=1 时表示该国属于德国法系国家，否则为 0；scan=1 时表示该国属于斯堪的纳维亚法系国家，否则为 0。

公共征信记录（pubr）：当样本国家中有公共征信机构提供征信记录时，该变量赋值为 1；当样本国家中没有公共征信机构提供征信记录时，该变量赋值为 0。一国的公共征信机构通常由中央银行或者金融监管当局建立，通过商业银行网络收集个人信用信息，为商业金融机构提供信息共享平台，同时也为中央银行监管提供必要的信息。

私人征信记录（prir）：当样本国家有私人征信机构提供信用记录时，该变量赋值为1；当样本国家中没有私人征信机构提供信用记录时，该变量赋值为0。这里我们按照 Djankov et al.（2007）的定义，私人征信机构包括私人商业企业和非营利性机构，这些机构通过金融体系收集个人信用信息，它们的主要作用是为金融机构之间的信息交流提供便利。

信息披露（info）：当样本国家私人征信机构和公共征信机构二者有其一时，该变量赋值为1；当样本国家私人征信机构和公共征信机构都没有时，该变量赋值为0。

相关分国家数据分别来自历年《世界发展指标》，国际货币基金组织（IMF）的国际金融统计（International Financial Statistics，IFS）数据库。表征金融发展的指标我们取 2000—2007 年的平均值，表征债权人权利进而征信记录的指标我们根据截止到 2003 年 1 月各国法律体系情况赋值取得。

2. 模型的构建

$$fin\_dev_i = \alpha + \beta cr_i + \sum_j \gamma_j X_{ji} + \delta \ln gdppc_i + \varepsilon_i \quad (5.5.1)$$

在方程（5.5.1）中，下标 i 表示国家。ε_i 是服从独立同分布的随机扰动项。fin_dev 表示银行存款规模（bd）和银行私人信贷规模（pcb）两个表征金融发展的指标，衡量各国的金融发展程度。X 是控制一个国家其他相关情况的控制变量，包括：infl, comm, fren, germ, pubr, prir, info。

3. 检验结果

我们采用 OLS 对横截面数据进行估计，估计的结果如表 5-5、5-6 所示，检验结果显示债权人权利保护与金融发展显著正相关，这表明法律制度对债权人权利的保护对金融发展具有重要影响，法律制度保护水平较高的国家和地区金融发展水平较高；法律制度保护水平较低的国家和地区金融发展水平较低。

表5-5检验了法律对债权人权利保护对银行存款规模的影响，因变量是银行存款规模（bd）。在这里我们分别对一个国家或地区的人均GDP、通货膨胀水平、法律起源和征信记录情况进行控制。表5-5的第一列回归结果中，cr在1%的水平上与bd显著正相关，即法律对债权人权利保护水平每提高一单位，会导致银行存款规模提高9.8%。第二列回归结果中我们控制了法律起源变量，结果显示，cr在5%的统计水平上与bd显著正相关，comm、fren和germ分别与bd在5%、10%的水平上显著正相关，这表明法律起源的差异可以部分地解释银行存款规模的跨国差异。

表5-5 回归结果（被解释变量=bd）

cr	0.098*** (0.036)	0.078** (0.039)	0.097*** (0.036)	0.096** (0.036)
lngdppc	0.443*** (0.081)	0.500*** (0.086)	0.439*** (0.082)	0.421*** (0.086)
infl	-0.001 (0.001)	-0.001 (0.001)	-0.001 (0.001)	-0.001 (0.001)
comm	NA	0.558** (0.213)	NA	NA
fren	NA	0.464** (0.211)	NA	NA
germ	NA	0.417* (0.215)	NA	NA
ifo	NA	NA	0.021 (0.149)	NA
pubr	NA	NA	NA	0.088** (0.039)
prir	NA	NA	NA	0.001 (0.096)

(续表)

cr	0.098*** (0.036)	0.078** (0.039)	0.097*** (0.036)	0.096** (0.036)
constant	-1.193*** (0.307)	-1.832*** (0.436)	-1.233*** (0.327)	-1.064*** (0.333)
Observations	69	69	69	69
R-squared	0.4273	0.4863	0.4285	0.4369

注：1. ***、**、* 分别表示在1%、5%、10%的统计水平上显著，括号中的数字为标准差。2. NA 表示回归方程中不含该变量。

表5-5的第三列和第四列分别对各个国家的公共征信记录、私人征信记录和信息披露情况进行了控制。结果显示，cr 在1%的统计水平上与 bd 显著正相关，pubr 在5%的统计水平上与 bd 显著正相关，即 pubr 提高一个单位，bd 上升8.8%。ifo 和 prir 的回归结果虽然都不能通过检验，但是从现有的检验结果我们可以看出信息披露与 bd 呈正相关关系。

表5-6检验了法律对债权人权利保护对银行贷款规模的影响，因变量是银行私人信贷规模（pcb）。在这里我们分别对一个国家或地区的人均 GDP、通货膨胀水平、法律起源和征信记录情况进行控制。表5-6的第一列回归结果中，cr 在1%的水平上与 pcb 显著正相关，即法律对债权人权利保护水平每提高一单位，会导致银行私人信贷规模提高6.3%。第二列回归结果中我们控制了法律起源变量，结果显示，cr 在10%的统计水平上与 pcb 显著正相关，关于法律起源的控制变量的检验都不显著，这表明法律起源的差异对银行私人信贷规模的影响并不显著。

表5-6的第三列和第四列分别对各个国家的公共征信记录、私人征信记录和信息披露情况进行了控制。结果显示，cr 分别在1%的

统计水平上与 pcb 显著正相关，ifo、pubr 和 prir 都不显著。这说明征信记录对银行私人信贷规模的影响并不显著。

表 5-6 回归结果（被解释变量=pcb）

cr	0.063* (0.034)	0.067* (0.039)	0.062* (0.036)	0.061* (0.035)
lngdppc	0.680*** (0.077)	0.679*** (0.086)	0.666*** (0.077)	0.654*** (0.0836)
infl	-0.0008 (0.001)	-0.0009 (0.001)	-0.0009 (0.001)	-0.0007 (0.001)
comm	NA	-0.077 (0.212)	NA	NA
fren	NA	-0.100 (0.211)	NA	NA
germ	NA	-0.216 (0.214)	NA	NA
ifo	NA	NA	0.226 (0.148)	NA
pubr	NA	NA	NA	-0.019 (0.086)
prir	NA	NA	NA	0.072 (0.092)
constant	-1.975*** (0.294)	-1.865*** (0.434)	-2.128*** (0.308)	-1.913*** (0.320)
Observations	69	69	69	69
R-squared	0.5947	0.6069	0.6089	0.6003

注：1. ***、**、* 分别表示在 1%、5%、10%的统计水平上显著，括号中的数字为标准差。2. NA 表示回归方程中不含该变量。

（六）本章小结

本章在参考相关研究文献的基础上，从理论和实证两个方面研究了法律对债权人权利保护水平对债权人行为选择的影响。理论模型主要从两方面体现法律对债权人权利保护的影响：第一，银行筛选成本（screening cost），假设银行筛选成本随着法律制度对债权人权利保护水平的提高而下降。这是因为随着法律对债权人保护水平的提高，债权人贷款的安全性上升，这降低了银行在筛选放贷项目时的要求，从而降低银行的筛选成本。第二，采用债权人可以获得抵押品代表法律制度对债权人权利的保护。研究结论显示，法律对债权人权利的保护会降低银行贷款成本，提高银行贷款意愿，放松企业面临的信贷约束。

实证研究方面分别从银行资产、负债以及利用资金效率方面衡量法律对债权人权利的保护对借贷市场的影响。结论显示，法律制度对债权人权利的保护对金融发展具有重要影响，法律制度保护水平较高的国家和地区金融发展水平较高；法律制度保护水平较低的国家和地区金融发展水平较低。法律制度对债权人权利的保护水平的提高促进借贷市场发展的同时，还提高银行的资金效率。相比法律起源，债权人权利保护水平对信贷市场发展的影响更显著。

附录

表5-7 本章主要变量指标

指标名称	指标含义
流动负债规模(ll)	流通中的现金与金融机构可生息负债之和除以GDP。
银行存款规模(bd)	银行存款余额除以当年GDP的比率,数值越大说明银行存款占GDP比重越高,金融发展水平越高。
中央银行资产规模(cba)	各国中央银行资产总额除以当年GDP。
银行资产规模(bag)	各国银行资产总额除以当年GDP。
非银行金融机构资产比重(nbag)	各国非银行金融机构资产总额除以当年GDP。
银行存贷比(cdr)	存款货币银行对私人部门的贷款占当年存款余额比重,衡量银行中介的存款转化为私人部门信贷的水平。
成本收益比(cir)	管理费用除以总收入,该比率越高表明银行效率越低,反之则相反。
管理费用占比(ocr)	银行管理费用账面价值除以总资产。

六、股东权利保护与股票市场发展

(一) 引言

法律对投资者权利保护主要体现在对上市公司上市前("事前")的信息披露要求,公司上市之后交易过程中("事中")的公共执法,以及投资者因为上市公司"违约"而发生损失后("事后")的追偿举证责任三方面。

基于以上认识,本章通过理论研究和实证研究两方面,分别研究了法律制度对投资者权利保护水平对企业家和投资者行为选择的影响,以及对股票市场发展的影响。本章的分析思路安排为:首先,通过理论模型说明投资者权利的法律制度保护水平对股票市场发展和公司所有权集中度的影响;其次,通过借鉴相关文献,建立衡量法律制度对投资者保护水平的指标体系;第三,描述各国法律制度对投资者权利保护的差异;第四,通过横截面数据分析投资者权利的法律保护水平对股票市场发展的影响;最后,对本章进行总结。

(二) 模型分析:投资者保护与股票市场发展

本节将通过介绍施莱弗和沃尔芬森(Wolfenzon)(2002)的理

论模型，说明投资者权利的法律制度保护水平对股票市场发展和公司所有权集中度的影响。法律制度环境影响企业家的投资决策和现金流量权的配置，通过均衡分析得出结论：法律对投资者权利保护水平高的国家资本市场规模较大，公司所有权集中度较低，公司规模较大，资金利用效率也较高，随着公开发行的公司增加投资者保护水平将更高。

1. 模型的假设

假设一个经济世界总共有 C 个国家，每个国家有 J 个风险中性的企业家。每个来自 c 国的企业家 j 表示为 $E^{j,c}$，他可以通过建立一个公司来进行生产性项目的投资。企业家具有不同的初始财富，表示为 $W_1^{j,c}$，项目的生产率为 $g^{j,c}$。假设所有的国家拥有相同的企业家集合，比如对所有的 j，任何两个国家 c_1 和 c_2，$W_1^{j,c} = W_2^{j,c}$ 并且 $g_1^{j,c} = g_2^{j,c}$。

假设有两期，第一期每个企业家决定是否建立公司。公司有两个资金来源：第一，根据每个企业家拥有的财富 $W_1^{j,c}$，每位企业家 $E^{j,c}$ 向公司投资 $R_1^{j,c} \leq W_1^{j,c}$，剩下的财富他将在市场上进行投资。第二，$E^{j,c}$ 通过卖出公司的 $x^{j,c}$ 部分现金流量权，从市场获得 $R_M^{j,c}$。我们假设无论卖出多少现金流量权，企业家仍保持对公司的控制权。每个公司用获得的资金 $I^{j,c} \leq R_E^{j,c} + R_M^{j,c}$ 进行项目投资，剩下的 $R_E^{j,c} + R_M^{j,c} - I^{j,c}$ 投入市场。

c 国的市场利率 i^c 由资金的供给和需求决定。资金的需求来源于私人部门——公司的需求，供给来自于企业家和公司的供给。

我们假设资本完全流动，世界市场上资本的供给和需求决定一般利率。

第二期实现收益。生产函数规模报酬不变：每一单位的项目投入产生 $1+g^{j,c}$ 的报酬，因此第二期厂商的收入 $\Pi^{j,c}$ 为：

$$\Pi^{j,c} = (1+g^{j,c})I^{j,c} + (1+i^c)(R_E^{j,c} + R_M^{j,c} - I^{j,c}) \qquad (6.2.1)$$

六、股东权利保护与股票市场发展

企业家选择 $d^{j,c}$ 部分的收益转移。我们假设法律对中小股东的保护水平在不同的国家有所差异。根据贝德克尔（Bedker，1968）的研究，我们假设企业家被发现的概率是 $k^c \in [0,1]$，参数 k^c 表示 c 国对投资者的法律保护水平。k^c 值越高，法律保护水平越高。

另外一种假设是同一个国家不同行业的公司的投资者面对的法律保护水平不同。例如，有些管制的公司投资者保护水平相对较高。还有一种假设，所有权结构影响了投资者保护水平。拥有第二大股东的公司的投资者保护效率相对较高，因为其他大股东的监督提高了企业家被发现的概率。为了模型的简明，我们假设投资者保护水平 k^c 对该国的所有公司都是相同的，与所有权结构无关。

如果企业家被发现，他将被迫归还从公司的转移所得，并支付 $f(d^{j,c})\prod^{j,c}$ 的罚金。在这里假设所有的所得都用来发放股利。然而，如果企业家没有被发现，他将获得全部转移财富，剩下未被转移的利润 $(1-d^{j,c})\prod^{j,c}$ 用来发放股利。因此，企业家第二期获得的支付为：

$$k^c[(1-x^{j,c})\prod^{j,c}-f(d^{j,c})\prod^{j,c}]+(1-k^c)[(1-x^{j,c})(1-d^{j,c})\prod^{j,c}+d^{j,c}\prod^{j,c}]+(1+i^c)(W_1^{j,c}-R_E^{j,c}) \quad (6.2.2)$$

企业家有机会转移的概率是 $1-k^c$，$(1-k^c)d^{j,c}\prod^{j,c}$ 为期望转移财富，$(1-(1-k^c)d^{j,c})\prod^{j,c}$ 是期望股利。

接下来我们还假设函数 $f(.)$ 满足：

(a) $f(0)=0$

(b) $f'(0)=0$

(c) $f''(d)>0$

(d) $\partial[f'(d)/f''(d)]/\partial d>0$

假设（a）表示转移不发生时罚款为零，第一单位转移之前为零（假设（b））。假设（c）意味着随着转移数额的增加边际罚款是递增的。假设（d）对转移的速度随着 $f''(d)$ 的增加设定了范围。因此，我们按照 $f''(d)$ 是递减的，或者虽然增加，但 $f''(d)$ 增加的速度不是很快。在这里我们避免了这种情况：在发现的概率足够小时，企业家的侵害所得在扣除所有的罚款后还是正数。

2. 资金的供给和需求

这一部分我们分析利率水平 i^c 给定情况下的企业家选择。从个人选择的角度，我们得出每个利率水平 i^c 下，资金的总需求和总供给。

生产效率低于 i^c 的项目企业家不会对其投资建立公司，而是把他们所有的财富投入到市场上；对于任何利率 i^c，资金的个人供给总和等于资金的总供给，即项目的总财富 $g^{j,c} < i^c$。当 $g^{j,c} < i^c$ 时，企业家将不会向市场供给他们的财富，而是把所有的财富投入到公司里并且还可能额外从市场借入资金。对资金的总需求等于个人需求的总和，并且通过 i^c 可以衡量外部融资的需求程度。较好的投资者保护水平下，每个给定的 i^c 外部融资的需求度更高。在均衡的利率水平下，外部融资需求度将等于资金的供给。

我们从第二期开始分析。为了简明，我们省略掉所有变量的上标。在第二期 E 选择财富转移水平来最大化他的支付：

$$\max_d \{(1-x)(1-(1-k)d)+(1-k)d-kf(d)\}\prod+(1+i)(W_1-R_E) \tag{6.2.3}$$

最优的财富转移水平 $d^*(x, k)$ 满足下面的一阶条件：

$$kf'(d^*) = (1-k)x \tag{6.2.4}$$

假设（c）提供了最大化的二阶条件得到满足。从企业家角度，公式（6.2.4）的左边是财富转移的边际成本，即期望罚款的边际增加值。每一单位转移的增加，罚金增加 $f'(d)$ 单位，他支付罚金的概率为 k。公式（6.2.4）的右边是财富转移的边际收益，或者说是期望股利储蓄的边际增加。通过转移利润，企业家避免支付 x 部分给中小股东，他获得这部分转移财富的概率为 $1-k$。

命题 1 假定假设（a）-（c）成立，则公式（6.2.4）的解 $d^*(x,$

k)满足:

(a) $d^*(0,k)=0$

(b) $d_1^*(x,k)>0$

(c) $d_2^*(x,k)<0$

下标 1 和 2 分别表示一阶和二阶导数。(a) 成立是因为对于 $x=0$,E 获得所有的股利,他没有理由转移利润,并且没有可能支付罚款。(b) 成立是因为中小股东的现金流量权越高,E 越通过更高单位的转移来避免对外部投资者的支付,即转移的边际收益越高。(b) 是詹森(Jensen)和麦克林(Meckling)(1976)的研究结论,即所有权的高度集中导致更高效率的行为。伯卡特等(Burkart et al.,1998)和拉·波塔等(2002)得出了相同的结论。最后,(c) 成立是因为好的投资者保护(高的 k)意味着转移财富成本更高(企业家支付罚款的可能性更大)。期望利润转移 $(1-k)d^*\Pi$ 在投资者保护好的环境中也会更低。这是因为转移本身较低,并且企业家被迫归还转移利润的可能性更大。

接下来我们分析公司投资项目的资金总额如何决定。在这里,托宾 Q 假设为 $(1-d^*(1-k))(1+g)$。期望股利除以投资为 $(1-d^*(1-k))(1+g)$,除以侵害发生之前的股利现金流为 $(1-d^*(1-k))$。期望私人所得除以投资为 $d^*(1-k)(1+g)$,除以侵害之前的现金流为 $d^*(1-k)$。

推论 1 控制所有者集中和增长机会后,在投资者保护好的国家,公司的托宾 Q 和股利更高,私人收益更低。

利润转移对所有权集中的敏感度 d_1^*,在我们的分析中非常重要。根据假设(d),d_1^* 不会下降得很快。为了从直觉上解释有些结果,我们先假定 d_1^* 是一个"相对"常量。接下来我们将解释在投资者保护较好的国家 d_1^* 相对较低。

命题 2 如果假设(a)-(d)成立,则 $d_{12}^*(x,k)<0$。在投资者保护

较好的国家,所有权集中的改变对财富转移的影响较小。

通过命题 1 我们可以得出,两个不同的投资者保护水平 $k^H > k^L$,在 x=0 时转移为零,对于所有的 $x>0$,k^H 的法律保护水平下财富转移较低。图 6-1 表示了上述关系:

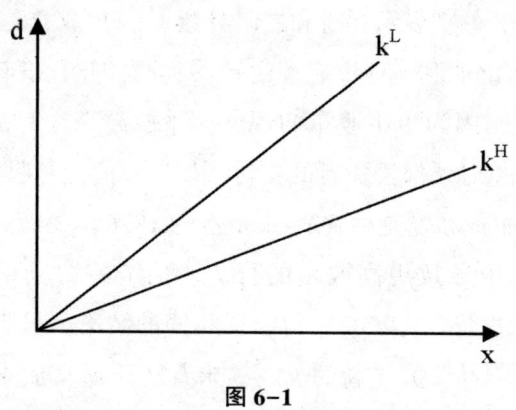

图 6-1

命题 2 论述了在任何 x 下,曲线 k^H 不仅在 k^L 下,还有一个更低的斜率。命题 2 的论证需要假设条件 (d)。虽然没有假设条件 (d),命题 2 仍然成立,然而 k^H 将不会永远在 k^L 以下。换句话说,即使我们不能从假设条件 (a) - (c) 得到命题 2,这三个假设条件仍然能够保证曲线 k^H 斜率的平均水平低于 k^L。假设条件 (d) 保证曲线的斜率相对稳定,曲线 k^H 的斜率小于曲线 k^L。

命题 2 认为,控制了成长机会(模型中的 g)时,托宾 Q、股利和私人收益在投资者保护水平低的国家对所有权集中更敏感。在第一期,E 选择投资项目的规模 I,即企业家选择投入公司的资金规模,以及他所出售的公司现金流 x,以满足下面的最大化问题:

$$\max_{I, R_E, x} \{(1-x)(1-(1-k)d^*) + (1-k)d^* - kf(d^*)\} \Pi + (1+i)(W_1 - R_E) \quad (6.2.5)$$

这样

$$R_E \leq W_1 \quad (6.2.6)$$

六、股东权利保护与股票市场发展

并且

$$I \leqslant R_E + R_M \tag{6.2.7}$$

假设 $r(x,k) = x(1-(1-k)d^*(x,k))$ 为中小股东获得的全部收益部分，则 R_M 可以表示为：

$$R_M = \frac{r(x,k)}{1+i}\Pi \tag{6.2.8}$$

如果上述问题解的结果为不进行项目投资（$I^* = 0$），并且不筹集资金（$R_M^* = 0$），我们说没有建立公司。

命题 3 企业家问题的解决根据以下条件：

（a）如果 $g<i$，公司将不会建立。

（b）如果 $g=i$，企业家对于以下两种情况是相同的：（1）不建立公司；（2）建立公司但不进行外部融资（$x^* = 0$），并把自己财富的任意一部分投入到项目中。

（c）如果 $g>i$，企业家将建立公司，会有两种解：

（1）如果 $\max_x r(x,k)(1+g)/(1+i) \geqslant 1$，最优的 x^* 是任意满足 $r(x^*,k)(1+g)/(1+i) \geqslant 1$ 的 x，并且 $I^* = +\infty$。

（2）如果 $\max_x r(x,k)(1+g)/(1+i) < 1$，企业家把自己所有的财富投入到项目中，并且 $R_E^* + R_M^* = I^*$，最优的 x^* 满足：

$$\frac{\partial}{\partial x}[kf(d^*(x^*,k))] = r_1(x,k) \frac{\frac{1+g}{1+i} - 1 - kf(d^*(x^*,k))\frac{1+g}{1+i}}{1 - r(x^*,k)\frac{1+g}{1+i}} \tag{6.2.9}$$

$$I^* = W_1/1 - r(x^*,k)(1+g)/(1+i) \tag{6.2.10}$$

当 $g<i$，企业家不会进行项目投资，这是因为市场会产生更高的收益率。另外，他也不能从市场上筹集到资金。首先，从市场上筹集到资金，再投资到市场上，然后转移一部分利润，对企业家是有利的。但是作为理性的投资者，企业家的利润转移行为会产生罚款，这会使他的期望收益小于市场利率。如果他们能够向资金市场投资，

他们会得到更高的收益。

当 $g=i$ 时,企业家把财富用于投资项目和投入资金市场的收益相同,这不会使他在筹集资金中获益。

当 $g<i$ 时,从市场上融进的资金进行投资将获益。企业家会把自己所有的财富投入,并且从市场上筹集资金投入项目,这将产生高于市场的利润($R_E^* + R_M^* = I^*$)。

对每一单位的投资,企业家获得 $r(x,k)(1+g)/(1+i)$。在命题3的(c)(1)情况下,存在一个 x 使上式大于1。企业家设定 x 值,并进行投资活动以增值投资资金。为了最大化自己的财富,他使 $I=+\infty$,即资金的需求为无限大。显然,均衡不会在这个区域。筹款利率等于资金供给与需求相同时的水平。

然而,对于所有的 x,$r(x,k)(1+g)/(1+i)$ 在 (c)(2) 的情况下小于1,企业家不得不拿出自己财富的部分投资收益。因此,投资项目的规模受企业家自身财富的限制。由 $R_E^* + R_M^* = I^*$,目标函数(6.2.6)可以写为:

$$\max_{x,I}\left[\frac{1+g}{1+i}-1-kf(d^*(x,k))\frac{1+g}{1+i}\right]I+W_1 \qquad (6.2.11)$$

$\frac{1+g}{1+i}-1$ 是每一单位投资的净现值(NVP)。投资者获得市场利率 i,企业家获得投资项目的 NVP。此外,企业家还要支付期望罚款。$kf(d^*)[(1+g)/(1+i)]$ 表示每单位投资的期望罚款现值。企业家面对这以下的情况,权衡对 x 的选择。高的 x 导致高的财富转移和高的罚款,同时也允许企业家从市场上融更多的资金扩大项目规模。公式(6.2.9)的解,即企业家边际成本(公式的左边)等于边际报酬(公式的右边)的解。假设条件(d)保证了这个最大化问题的解。

资金的需求和供给得自命题3。公司对资金的需求随着利率上升而下降。对一个足够大的利率 i($>g$),公司对资金的需求为零。对

六、股东权利保护与股票市场发展

于 i 的中间值,建立公司对资金的需要由 $R_M = [r(x^*, k)/(1+i)](1+g)I^*$ 决定。在这个范围之外,随着 i 的下降,需求增加。最后,当 i 足够低时,需求成为无限大。因为每个公司需求是向下倾斜的,单个公司的需求总和即为总需求。

接下来分析来自每个企业家的资金供给。如果利率高于企业家投资的生产率($i>g$),企业家不会建立公司进行投资,会把所有的财富投资到资金市场上。如果利率低于企业家投资的生产率($i<g$),企业家将所有的财富投到公司项目中,不再向市场供给资金。如果 $i=g$,企业家将财富投资到公司项目中与向市场供给是无差异的。最后,资金的总供给斜率将向上倾斜。随着利率的上升,更多的企业家发现把财富投入到市场比建立自己的公司更有利。

3. 均衡分析

我们假设各个国家之间资本是完全流动的。

在资本完全流动的情况下,世界利率 $i*$ 为世界资金需求和供给相等时的水平,即:

$$\sum_{c \in C} \sum_{j \in J} R_M^{j,c} = \sum_{c \in C} \sum_{j \in J} (W_1^{j,c} - R_E^{j,c}) \qquad (6.2.12)$$

式(6.2.12)可以得到均衡利润。在 $i*$ 水平命题3的(c)(1)情况下,将没有企业家金融,市场上对资金的需求成为无限大。

命题4 假设两个国家 H 和 L 的投资者保护水平不同,$k^H > k^L$,国家 H 将会有:

(a) 低的所有权集中度(对所有的 j, $x^{*j,H} > x^{*j,L}$)

(b) 规模较大的资本市场($\sum_j R_M^{*j,H} > \sum_j R_M^{*j,L}$)

(c) 更大的公司(对所有的 j, $I^{*j,H} > I^{*j,L}$)

命题4的(a)满足公式(6.2.9)的一阶条件要求,公式的左边表示出售一单位现金流量权(x 的增加)的边际成本,公式的右边表示边际收益。投资者保护的增加导致出售现金流量权的边际成本下降,边际收益上升,因此随着投资者保护水平的上升,x^* 也增加。

边际成本即为期望罚款的增加。当投资者保护水平上升时,边际成本下降。这是因为高水平的投资者保护导致高的 x 值,这意味着低的 d^*(命题 2),并最后导致低的期望罚款的增加。

边际收益是以高于市场利率的额外融资中得到的支付。当投资者保护增加时边际收益也增加,这是因为随着 x 的增加,能够从市场上筹集到更多的资金,同时资金的报酬也更高。X 的增加对筹资总量有两个效应:它增加了现金流量权的出售份额(数量效应);降低了股票价格(价格效应),这是因为财富转移的增加。在投资者保护好的国家,x 对财富转移的影响较小,价格效应也较小,从而更多地筹集资金。公式(6.2.9)右边的分子部分是企业家每单位投资获得的收益,它随着投资者保护水平的上升而上升。

(b)部分并不十分明显。虽然投资者保护较好的国家公司出卖更多的股份,但是资本市场的规模由货币衡量。低的股权集中度导致低的股票价格,但是投资者保护好的国家并不一定拥有规模大的资本市场。这是因为 x 的增加对融资总量有两个方向相反的影响:数量效应和价格效应。均衡解必须满足相对价格效应,数量效应占优势的条件。如果这个条件不满足,随着 x 的增加,E 所支付的罚款减少、获得的融资额增加,他获得的支付也在增加。均衡时的 x 值越大,资本市场规模越大。

命题 4 的(c)与前面的分析结果相同。E 用自己的资金和筹集到的资金投资,融通到的资金越多,投资金额越大。

接下来我们分析上市公司的数量。在这个模型中,只要总资产收益率(ROA)g 高于市场利率 i,企业主便出售股份。无论中小股东保护如何不足,利润转移的初始成本非常小,并且出售小部分的公司现金流量权总是值得的。然而如果存在甚至非常小的公开发行成本 c,情况就会不一样。c 可以被理解为上市成本,比如支付给投资银行的费用。

命题5 一个国家中,随着公开发行的公司的增加,投资者保护水平将更高。

因为投资者保护好的国家公开发行的收益更大,这样的国家有更多的项目上市并支付上市成本。

以上进一步印证了命题4的结论。很多投资者保护薄弱的国家,公司公开发行的比率相对较小,发行的直接成本不会产生。这些国家的公司仍然由企业家私人所有。相对没有这个成本来说,具有上市成本的国家所有权集中度的变化和资本市场规模更大。

最后我们分析不同投资者保护水平下的托宾Q、股利和个人控制收益。从推论1我们发现控制了所有权集中度后,随着投资者保护的改善,托宾Q和股利更高,私人控制收益更低。没有控制所有权时,结果并不明显。

当投资者保护改善时,期望股利$(1-k)d^*$的变化为:

$$\frac{\partial}{\partial k}[(1-k)d^*(x^*,k)] = -d^*(x^*,k) + (1-k)(d_1^*(x^*,k)\frac{\partial x^*}{\partial k} + d_2^*(x^*,k)) \quad (6.2.13)$$

投资者保护水平的增加意味着企业家利润转移的数量更少,期望利润转移减少。公式(6.2.13)的第一项即为上述情况的表示。公式(6.2.13)的第二项表示实际利润转移的变化。上面我们分析过,投资者保护的提高降低所有权集中度。然后,公式(6.2.13)表示投资者保护水平的提高阻碍利润转移。

利润转移概率的下降降低了期望利润转移,因此随着k的下降对实际利润转移的影响是负的。

命题6 如果$\partial[(1-k)x^*/k]/\partial k>0$,则$\partial[(1-k)d^*(x^*,k)]/\partial k<0$。因此均衡时,随着投资者保护水平的提高企业家利润转移将下降。

这个条件意味着均衡水平下 x 缓慢地随着投资者保护改变而改变。当上述成立时，来自所有权集中的下降使利润转移的增加，相对于来自投资者保护的阻碍使利润转移的下降更小。

当命题 6 成立时，投资者保护好的国家有更高的托宾 Q 值、股利和更低的私人控制收益、所有权集中度。

期望利润转移随着投资者保护水平提高而单调递减保证了命题 6 的成立。然而，没有这个条件，仍然可能显示投资者保护水平足够高时利润转移是低的。在极端的情况下，当 $k=1$ 时，企业家转移利润的行为都会被发现并支付罚款，这时无论所有权结构如何，将不存在利润转移。因此，k 越接近 1，利润转移越低。

（三）投资者权利保护的指标体系

有关投资者权利保护的法律制度包括公司法、证券法、接管法、竞争法等，同时还包括政府实施的监管条例，比如股票交易监管条例、会计标准等。LLSV（1998）根据法律制度对投资者保护情况，设定了四个方面的指标体系来反映投资者权利的法律保护程度。此外，为了进一步研究股票公开发行、股票市场（特别是交易所股票市场）运行等具体过程中，法律和相关规则对投资者的保护，LLS（2006）推出了一系列指标体系，分别从上市公司公开发行股票过程的视角，从"事前"信息披露要求、"事中"公共执法和"事后"损失追偿三方面，进一步分析法律制度对投资者权利的保护。本节将基于 LLSV（1998）和 LLS（2006）的研究，介绍法律制度对投资者保护的相关指标体系。

LLSV（1998）根据法律对投资者的投票权和反侵害权的保护，以及市场对投资者权利保护薄弱的替代机制，从四个方面建立指标体系进行衡量，包括一股一票规则、对抗董事的权利、强制分红权和所有权集中度。

一股一票规则。在设定反映法律制度对投资者权利保护水平的指标时，学者们更加注重在投票过程中股东所具有的权利。这些权利包括每股的投票权利大小、反对内部人操作的投票机制以及LLSV（1998）提出的补救的权利（remedial rights）。格罗斯曼（Grossman）和哈特（Hart）（1988）、哈里斯（Harris）和拉维夫（Raviv）（1988）的研究认为，当一个国家的公司投票机制采取一股一票规则时，分红权与投票权的连结更紧密，投资者权利将被更好地保护。当投票权取决于股利控制权，在没有掌握压倒性的现金流量权的情况下，内部人将不能控制公司，从而会抑制内部人对公司利润的转移，增加股利的支付。然而实际操作中很多国家和地区并不采用一股一票规则。比如在法国，公司可以发行无投票权股票、低投票权股票、高投票权股票、附有极高投票权的创建人股票，或者随持有期增长投票权的股票。不管股东股份持有额多少，股东大会上公司还可以设定每个股东的最高投票权限制。当不存在上述情况时，LLSV（1998）定义为存在一股一票规则。

对抗董事的权利。反映对抗董事的权利指标主要有六项，衡量法律体系保护中小股东在投票过程中或者公司决策过程中，对抗经理人或者大股东。第一，是否允许邮寄表决。有些国家规定，召开股东大会时股东必须亲自参与或者派官方代表进行投票。相反，有些国家法律规定则可以通过邮寄方式进行投票，这有利于他们对相关信息的了解，易于行使他们的投票权，比如在股东大会举行时间集中的情况下。例如在日本，每年一度的股东大会大多集中于六月底的某一天，不允许通过邮寄表决使得很多股东不能行使自己的投票权。

第二，在召开股东大会前是否需要把股份储存到公司或金融中介结构。有些国家法律规定，召开股东大会前几天，股东需要把股份存到公司或者金融中介机构中保管,直到股东大会结束之后的几天。这些规定使股东在召开股东大会期间不能进行股票交易,并且没有存储股票的股东也不能行使他们的投票权。

第三,累计投票和按比例分配代表。少数国家投票选举董事允许累计投票,还有一些国家具有董事会按比例分配代表的机制,这使得中小股东的利益可以通过一定比例的董事的任命来保障。以上两种规则保证中小股东有更大的权利来保障董事会成员中有自己的代表。

第四,小股东对抗董事欺压的机制。有些国家的法律制度赋予中小股东对抗董事欺压的权利。这些机制包括在法庭上对抗董事决策的权利,或者当中小股东不同意公司管理方面的某些重大决定,或者股东情况变更(比如合并或者资产出售)方面的重大决定时,他们具有迫使公司回购股票的权利。

第五,新股的优先购买权。有些国家允许股东对公司新发行的股票具有优先购买的权利,这保证了股权稀释过程中的股东利益。而且原投资者以低于市场价的价格认购新发行的股份。

第六,召集特别股东大会要求的最低持股比例。该比例越高,召集中小股东对抗或者驱逐管理层的困难越大。在 LLSV(1998)的样本国家中,该比例最低为3%(日本),最高为33%(墨西哥)。

以上六项权利的前五项为虚拟变量,当一个国家法律制度的相应规定保护中小投资者时赋值为1,否则为0。此外,如果一个国家规定召开特别股东大会的最低持股比例小于10%时,也赋值为1。最后把六项对抗董事指标加总,得到最终结果。

强制分红权。股东权利的最后一项是对强制分红权的规定。有些国家的法律规定,公司必须把公布的收益拿出一部分用于股利分配。因为在允许的范围内,会计系统能够歪曲收入,因此这个指标看上去并不是很严谨,有时候强制分红权利是法律对中小投资者保护薄弱的一种替代机制。如果一国规定股东具有强制分红权,意味着公司必须将一定比例的收益向股东发放股利。上述权利构成法律对投资者权利保护不足的替代或补救措施。

所有权集中度。法律对投资者权利保护不足的另一个替代机制是公司所有权集中度。在法律对投资者权利保护不足的国家,公司股权的集中度更高。这是因为:第一,大股东或者控股股东具有足够的控制权监督经理人,避免被侵害。这尤其体现在当有些大股东因为法律或者经济原因,拥有足够大的现金流量权或者投票权的时候。第二,当投资者保护不足时,只有当股票价格足够低的情况下,中小投资者才具有购买意愿。但是低的股票价格会大大降低公司公开发行股票的融资意愿。中小投资者对公司股票需求的减小间接促进了所有权集中。当然,施莱弗和(Vishny)(1986)的研究认为,公司所有权的集中有利于提高公司价值。因此,股权集中通常被认为是在投资者权利法律保护较薄弱的国家,或者为了实现对经理人控制监督,或者由于外部投资者投资激励不足,大股东被迫作出的一种自然反应。所有权集中成为法律对投资者保护薄弱的替代机制。

以上研究论述了各国法律制度对投资者权利的保护,然而并没有涉及对股票公开发行、股票市场(特别是交易所市场)运行等具体经济过程中,法律和相关规则对投资者的保护。考虑到这些因素,LLS(2006)建立了一系列指标体系,分别从上市公司公开发行股票以及股票交易过程的视角,从"事前"信息披露要求、"事中"公共执法和"事后"损失追偿三方面,研究法律制度和上市规则对投资者权利的保护。

信息披露要求和赔偿责任标准。美国证券法的起草人之一兰迪斯(Landis)认识到,有效防御私人投资损失是促使市场参与者执行证券法的关键。出于效率考虑,证券市场上提供相关证券信息的应该由信息收集成本的最低方来承担,并且提供信息的一方应该有对提供错误信息行为的相应责任。研究认为，成本最低的信息提供者不是投资者，而是发行人和会计人员。一个有效的体系能够激励行为人并使他们有义务提供准确信息给投资者。证券法的具体规定主要体现在披露要求和责任标准，这使投资者获得因为信息错误或者不足造成的损失赔偿的成本更低。LLS（2006）基于以上考虑，设置相应指标体系，衡量法律制度和市场规则对投资者权利保护水平。

信息披露要求。关于发行人问题（promoter's problem）LLS（2006）设置了六项指标衡量证券法律法规体系对具体信息披露的要求：

（1）公布招股说明书（prospectus）。新股发行中的首要问题是发行人是否能够在没有向潜在投资者提前公布招股说明书的情况下发行股票。考虑到每个国家都规定公司上市前要提供招股说明书，但是有些国家虽然要求提供但并不一定公布。因此，在这里 LLS（2006）强调招股说明书的"公布"这种积极的信息披露方式。如果法律规定即将在国内证券交易所上市的公司，在公布招股说明书之前禁止出售股票，该指标赋值为 1，否则赋值为 0。

此外 LLS（2006）还考虑了反映招股说明书内容的其他五项反映信息披露要求的指标。

（2）内部人补偿。该指标反映招股说明书中关于发行人董事和高层补偿问题的披露要求。如果法律或者上市规则规定，新上市公司必须对每位董事和高层的补偿在招股说明书中说明，该指标赋值为 1；如果规定新上市公司可以在招股说明书中仅披露对每位董事和高层的平均补偿，该指标赋值为 1/2；如果对上市公司对公司董事和高层补偿没有相关披露规定时，该指标赋值为 0。

（3）大股东所有权。该指标衡量对发行人股票所有权结构的披露要求。如果法律或上市规则规定，必须披露直接或间接持有具有表决权的股份比例达到 10% 的股东姓名和股份所有权，该指标赋值为1。如果仅规定披露直接持股比例达到10%的股东，而不包括间接所有权或者只要公布他们的总的所有权时，该指标赋值为1/2；当不需要公布持股比例达到10%的股东姓名和股份所有权时，该指标赋值为0。

（4）内部人股权结构。该指标衡量招股说明书对公司董事和高层的持股情况的披露要求。如果法律或上市规则规定发行人、董事和高层的股份持有权情况必须在招股说明书中披露，该指标赋值为1；如果仅规定在招股说明书中披露公司董事和高层总的持股比例时，该指标赋值为1/2；当法律和上市规则对招股说明书中披露发行人、董事和高层的持股比例没有规定时，该指标赋值为0。

（5）非常规合同。该指标衡量了招股说明书中对发行人的非常规业务合同情况的披露要求。如果法律或上市规则规定发行人必须在招股说明书中公布非常规业务合同条款时，该指标赋值为1；如果仅规定发行人在招股说明书中公布部分非常规业务合同条款时，该指标赋值为1/2；如果没有相关规定，该指标赋值为0。

（6）关联交易。该指标反映了招股说明书对发行人与董事、管理层、和/或大股东等关联方的交易情况的披露要求。如果法律或上市规则规定，发行人与所有的关联方进行的交易，或者即将发生的关联方交易，必须在招股说明书中披露，该指标赋值为1；如果仅规定部分关联交易在招股说明书中披露，该指标赋值为1/2；如果发行人与关联方进行的交易没有相关规定必须在招股说明书中披露，该指标赋值为0。

上述六项的算术平均值为反映"信息披露要求"的指标。披露要求指标仅对公司公开发行股票之前的信息披露行为进行描述和衡量，对于公开上市之后因为招股说明书信息陈述的误导给投资者带来的损失，上述指标还不能反映。针对这个情况，LLS（2006）建立了"赔偿责任标准"指标,反映招股说明书披露相关信息后,由于信息陈述误导导致投资者损失,法律法规对投资者追偿损失的保护水平。

赔偿责任标准。在民事侵权行为立法方面,有的国家规定诉讼人(原告)必须从招股说明书里举证发行人或者会计师忽略了重要信息。民事侵权标准还要求投资者证明他们根据招股说明书投资(信赖关系)或者他们的损失来自于招股说明书的信息误导(因果关系)。有些国家取消招股说明书赔偿责任,或者使该责任赔偿的履行甚至比一般民事侵权行为的标准更高。比如需要原告证明被告在招股说明书中故意瞒报信息,加大原告举证的责任。相反,有些国家规定原告只需要证明招股说明书披露的信息对自己的投资行为造成误导即可。因此,法律制度对招股说明书赔偿责任标准规定的不同,给投资者带来不同的诉讼成本,从而影响了信息披露质量。针对以上问题,LLS(2006)提出三个反映赔偿责任标准的指标:

(1)发行人及其董事赔偿责任标准。衡量民事赔偿责任案例中,投资者因为招股说明书信息的误导性陈述而造成投资损失,而向发行人追偿损失的可诉性困难程度。当投资者只需要提供招股说明书含有误导信息时,该指标赋值为1。当投资者还需要证明是根据招股说明书投资和(或)他们的损失来自陈述误导时,该指标赋值2/3。当投资者还需要证明发行人疏忽时,该指标赋值为1/3。如果获得发行人赔偿是不可能的或者赔偿责任标准是故意或者严重忽略时,该指标赋值为0。

(2)分销商赔偿责任标准。衡量民事赔偿责任案例中,投资者因为招股说明书信息的误导性陈述而造成投资损失,而向分销商追偿损失的可诉性困难程度。投资者只需要提供招股说明书含有误导信息时,该指标赋值为1。当投资者还需要证明是根据招股说明书投资和(或)他们的损失来自陈述误导时,该指标赋值2/3。当投资者还需要证明分销商疏忽时，该指标赋值为 1/3。如果获得分销商赔偿是不可能的或者赔偿责任标准是故意或者严重忽略时，该指标赋值为 0。

（3）会计师赔偿责任标准。衡量民事赔偿责任案例中，投资者因为招股说明书中的财务审计信息误导性陈述而造成投资损失，而向会计师追偿损失的可诉性困难程度。投资者只需要提供招股说明书中的财务审计信息含有误导信息时，该指标赋值为 1。当投资者还需要证明是根据招股说明书和（或）他们的损失来自会计信息投资陈述误导时，该指标赋值 2/3。当投资者还需要证明会计师疏忽时，该指标赋值为 1/3。如果获得会计师赔偿是不可能的或者赔偿责任标准是故意或者严重忽略时，该指标赋值为 0。

赔偿责任标准指标等于上述三个方面指标的算术平均值，反映新上市公司公开上市后，由于招股说明书信息披露的陈述性误导导致投资者损失，反映法律对投资者追偿权的保护水平。

公共执法。LLS（2006）从五个方面论述公共执法对股票市场的影响。首先，是关于监管者的基本特征方面，这又包含三个变量。一是有效的监管者必须与执行者分离，这有利于监管的专业化并防止有影响的发行人通过政治渠道干预监管。对这方面指标的衡量，主要看关键职位的任命是通过制衡体系还是执行者单边任命。二是当监管者重要职位的任命只能通过正式法律程序，而不是根据权利机构的意愿任命时，监管者更能保持自己的独立性。三是有效的监管者能够专注对证券市场的监管，而不是同时对银行市场等其他市场的协调。上述三方面指标的算术平均值是反映"监管者特征"的。

第二方面的指标是关注监管证券市场的权利是否授权给监管者，即监管者是否具有制定规则的权利，而不是由立法机构或者财政部把持。通过监管者是否有权利管制初次发行和/或交易所上市规则，反映监管者制定规则的权利。

第三方面的指标关注监管者的调查权利。投资者，尤其是私人投资者，对上市公司内部信息的获取成本较高。监管者能够获得授权，有权命令发行人、分销商或者会计师提供相关文件，并有权向能够提供证词的证人发传票，这将大大降低信息获得成本，并有利于监管者确定上市公司提供的信息不准确的原因，作为制裁、刑事或者民事诉讼的依据。这方面的总和指标为"调查权利"。

第四方面的指标关注对违反证券法的非刑事制裁，以命令形式体现，这是对私人执法环节薄弱的直接替代。这些制裁可以包括命令上市公司董事根据披露要求更正信息、根据外部投资者建议变更制度、补偿投资者损失。这些制裁分别可以对发行人、分销商和会计师实施，LLS（2006）分别追踪每种情况的影响。以上所有指标的算术平均值作为"指令"指标的数值。

第五方面的指标关注对违反证券法的刑事制裁。这方面的指标主要通过以下情况衡量：是否使用刑事制裁、对谁使用刑事制裁、什么样的行为引起刑事制裁。把对董事、分销商和会计师的刑事制裁变量的值取平均值，得到"刑事制裁"变量的数值。

以上五方面指标所得数值的平均值，作为"公共执法"变量的数值。

（四）特征事实：投资者权利保护的跨国差异

上文我们论述了根据法律制度对投资者权利的保护，LLSV（1998）和 LLS（2006）从投资者的投票权、分红权、信息披露知情权、因上市公司信息陈述失误导致投资失误的追偿权和公共执法等方面，建立了一系列指标衡量法律和制度规范对投资者权利的保护水平。本节将基于 LLSV（1998）和 LLS（2006）对上述各项具体指标变量赋值，直观地论述不同国家对投资者权利保护水平的差异。

六、股东权利保护与股票市场发展

根据 LLSV（1998）定义的法律制度对各项投资者权利的保护指标的赋值情况，该指标系列为虚拟变量：当投资者拥有这项权利时赋值为 1，否则赋值为 0。

从样本国家各项权利分布来看，实行一股一票规则的国家占 22%，仅有 18% 允许邮寄表决，有 27% 的国家允许累计投票或者给中小股东一定比例的董事席位。有 11% 的国家规定召开特别股东大会的最低持股比例小于 10%。多数国家法律规定股东大会前不需要存储股票（71%），支持股东对抗董事的欺压（53%），股东对新股具有优先购买权（53%）。样本平均对抗董事的权利得分为 3（图 6-2）。

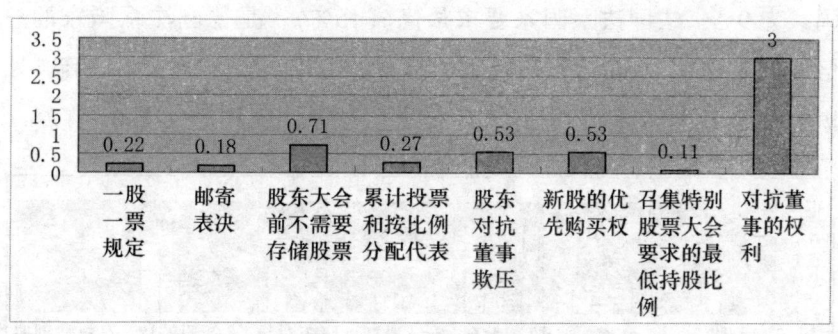

图 6-2 投资者权利保护情况

资料来源：根据 LLSV（1998）表 2 相关数据整理。

具体到每项投资者权利得分来看 LLSV（1998）样本国家的投资者权利保护情况。斯堪的纳维亚法系国家均不采用一股一票规则，德国法系国家实行一股一票规则最普遍（33%），法国法系国家和普通法系国家居中。反映对抗董事权利的六项指标中，普通法系国家允许邮寄表决的比例最高（39%），德国法系国家不允许邮寄表决，法国法系国家中仅有 5% 允许邮寄表决，斯堪的纳维亚法系国家中仅有挪威允许邮寄表决。普通法系国家和斯堪的纳维亚国家都没有股东大会前存储股票的规定，而法国法系国家有 57% 这样规定，德国法系国家仅有17%股东大会前不要求存储股票。此项指标各法系国家的差异最大。斯堪的纳维亚法系国家没有累计投票和按比例分配代表的规定，另外三个法系国家的平均水平差异并不明显，其中得分最高的是德国法系（33%）。普通法系国家的股东对抗董事欺压指标平均得分最高（94%），是法国法系国家的三倍多，德国法系国家的近两倍，斯堪的纳维亚法系国家该指标得分为0。四个法系国家在新股优先购买权指标的平均得分差异较小，最高的是斯堪的纳维亚（75%），只有丹麦该指标得分为0。法国法系国家为62%，相对较高，普通法系国家和德国法系国家分别为44%和33%。德国法系国家"召集特别股东大会要求的最低持股比例"要求为5%，普通法系国家为9%，法国法系国家要求最高（15%），是德国法系国家的三倍（图6-3）。从对抗董事权利的综合得分来看，普通法系最高，斯堪的纳维亚法系其次，法国法系和德国法系国家相等（图6-4）。

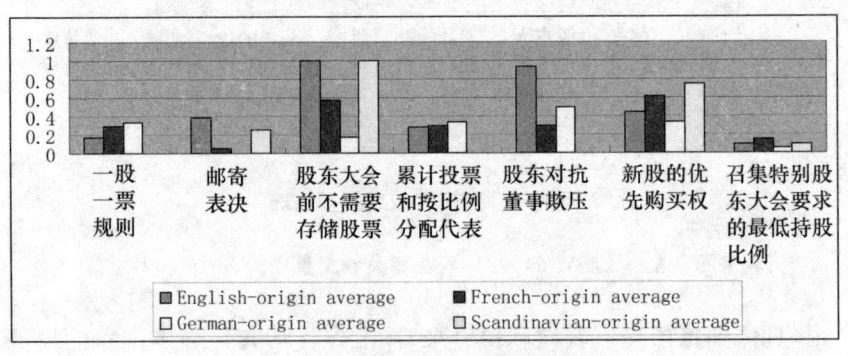

图6-3　不同法律起源的投资者保护情况对比

资料来源：根据 LLSV（1998）表2相关数据整理。

通过从不同方面对投资者权利的法律保护衡量分析我们可以得出，普通法系国家对股东权利保护水平最高，它允许邮寄表决的比例最高，没有股东大会前存储股票的规定，最支持股东对抗董事欺压，它的对抗董事权利得分也最高。法国法系国家对股东权利提供

六、股东权利保护与股票市场发展

最弱的保护。虽然在一股一票规则、累计投票和按比例分配代表的表现上优异,但是它允许邮寄表决的比例最低,召集特别股东大会要求的最低持股比例最高,股东对抗董事欺压的得分也不理想。尤其是法国,除了允许邮寄表决外,其余各项得分均为0,召集特别股东大会要求的最低持股比例最高。相比法国法系国家,德国法系国家对投资者权利的保护水平相对较高。它具有相对较高的一股一票规则执行比例,召集特别股东大会要求的最低持股比例最低,股东拥有新股发行的优先购买权的国家较多。但是对抗董事权利的得分为2.33,与法国法系国家相等。斯堪的纳维亚法系国家不采取一股一票规则,没有股东大会前存储股票的规定,也不支持股东对抗董事欺压,除了丹麦以外的其他国家都保护股东优先购买新发行股票的权利。从综合指标来看,斯堪的纳维亚法系国家对股东权利的保护水平居中,仅次于普通法系国家。

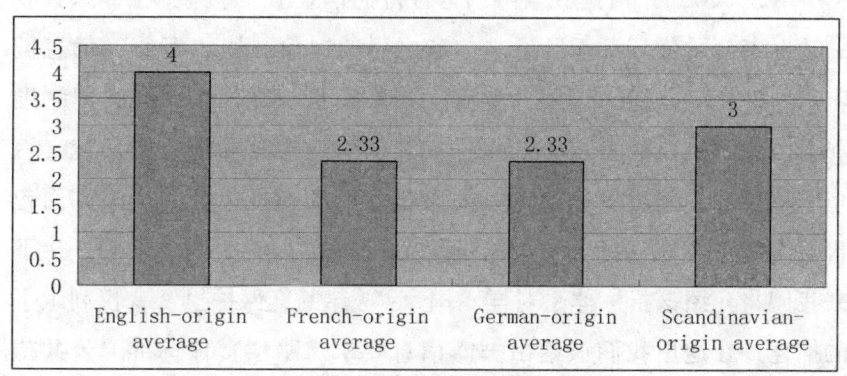

图 6-4 对抗董事权利

资料来源:根据 LLSV(1998)表 2 相关数据整理。

四个法系国家仅部分法国法系国家采取强制分红。对强制分红的规定主要防止内部人对中小股东的侵害,这体现了法律对中小投资者保护薄弱的替代或补救措施。从公司所有权集中度来看,法国法系国家仍然最高（0.54），这进一步体现了对中小投资者权利法律保护薄弱的替代（图6-5）。

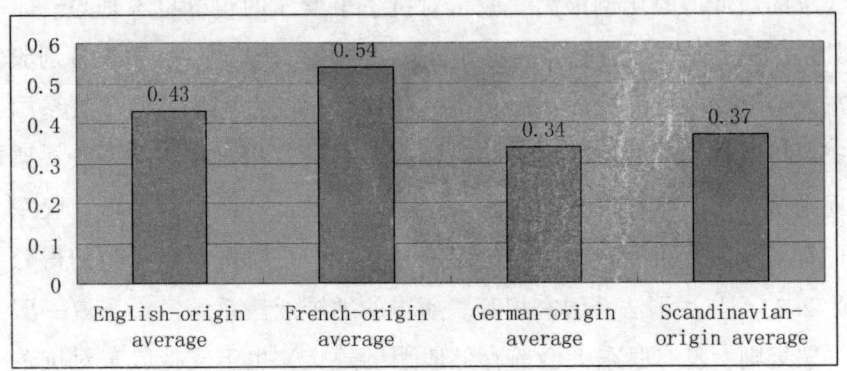

图6-5　不同法系国家的公司所有权集中度

资料来源：根据 LLSV（1998）表2相关数据整理。

LLS（2006）根据股票市场运行特征建立了一系列指标体系，分别从上市公司公开发行股票之前和之后的视角，从"事前"信息披露、"事中"公共执法和"事后"损失追偿三方面，研究法律制度和上市规则对投资者权利的保护。其中信息披露要求方面又包含六个子项指标，赔偿责任要求方面又包含四项指标，公共执法方面包含五个子项指标，每个子项指标又分别包含几项下一级指标。接下来我们将介绍该指标体系对样本国家[①]法律制度保护投资者权利水平的描述，在这里我们仅给出披露信息要求、赔偿责任标准、公共执法三个大项指标以及公共执法的五个子项指标的赋值情况。

---

① LLSV（1998）和 LLS（2006）的样本国家基本相同。

从各项指标样本国家平均得分来看，五项指标得分大于（等于）0.5，由此可见各个国家对信息披露要求、监管者制度规则权利和调查权利方面相对重视，公共执法平均情况较好。但是在赔偿责任标准、监管者独立性特征和对违反证券法的非刑事制裁方面还不够理想（图6-6）。

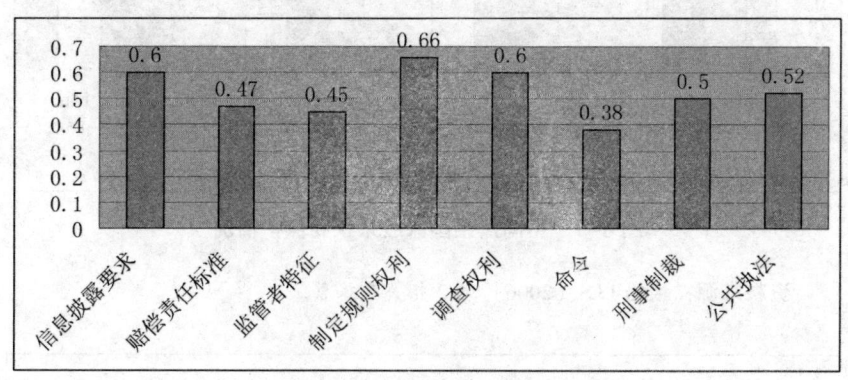

图6-6 股东权利保护情况

资料来源：根据LLS（2006）表2相关数据整理。

从信息披露要求来看，普通法系国家得分最高（0.78），法国法系国家对信息披露要求最低（0.45），德国法系和斯堪的纳维亚法系国家居中。普通法系国家的赔偿责任标准对私人投资者的要求最低，法国法系国家同样最高，德国法系和斯堪的纳维亚法系国家居中。普通法系国家公共执法质量最高，德国法系国家最低，法国法系和斯堪的纳维亚法系国家分别居于第二、第三（图6-7）。

从公共执法各子项情况来看，普通法系国家五方面指标中调查权利、命令和刑事制裁均为第一，监管者特征和制定规则权利仅次于法国法系国家。而法国法系国家只有指令和刑事制裁两项指标相对落后，即通过违反证券法的非刑事制裁和刑事制裁方面保护投资者权利的水平较低。德国五方面指标均得分较低，这使得该法系国家公共执法项目得分最低。斯堪的纳维亚法系国家各项指标相对平均，公共执法项目得分居中（图6-8）。

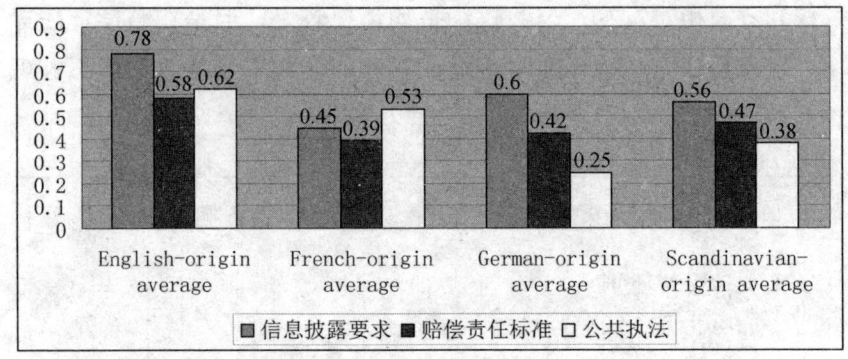

图6-7　不同法系国家股东权利保护情况

资料来源：根据LLS（2006）表2相关数据整理。

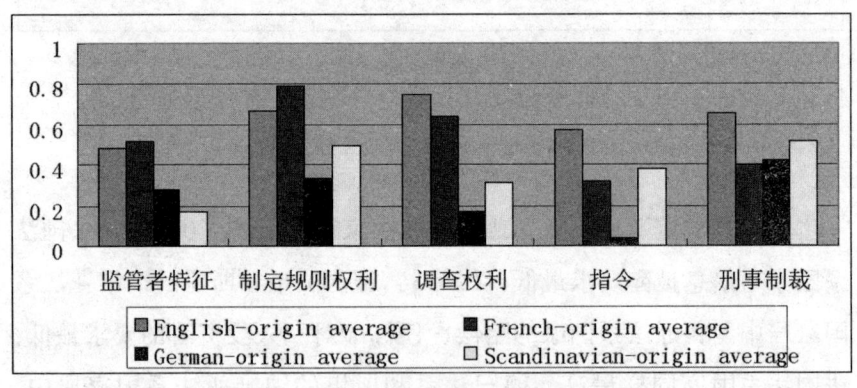

图6-8　不同法系国家公共执法情况

资料来源：根据LLS（2006）表2相关数据整理。

因此，各个国家证券法体系对投资者权利保护水平差异较大。普通法系国家对信息披露要求最高，投资者追偿相对容易。法国法系国家对信息披露要求最低，投资者追偿权利也最不容易实现。公共执法方面各项指标，德国法系国家最差，另外三个法系国家得分差异相对不大。

（五）投资者保护与证券市场发展：来自国际的实证检验

1. 变量的描述及选取

本节我们以 48 个国家和地区为样本，分析法律制度对投资者权利保护对金融发展的影响。反应法律制度对投资者权利保护的变量为 LLS（2006）定义的指标体系，从三方面衡量：信息披露要求（disclosure）、赔偿责任标准（liability）和公共执法（pub_enfor）。

我们从四个方面衡量股票市场的发展情况。第一个变量为股票市场资本化（stock_cap），等于上市股份的总价值除以当年 GDP，用于表征股票市场规模。第二个变量为上市公司密度（listed_pc），等于上市公司数目除以当年人口总量，用于表征上市公司数量规模。第三个变量为股票市场交易量规模（stock_traded），等于在证券交易所的股票交易总额除以当年 GDP，用于衡量股票市场的交易活跃程度，同时还反映股票市场向整个经济提供的流动性情况。第四个变量为股票市场换手率（stock_turnover），等于股票市场交易量除以股票市场总市值，用于表征股票市场相对于其规模的流动性。

以上数据均取 2000—2007 年的平均值。LLS（1999a）、施莱弗和沃尔芬森（2002）分别从理论和实证研究得出，公司所有权在投资者权利保护较好的国家集中度较低，在投资者权利保护较差的国家集中度较高。但是由于数据可获得性的限制，本节对公司所有权集中度（concentration）的计量结果直接引用 LLS（2006）的结果。

相关分国家数据分别来自历年《世界发展指标》，国际货币基金组织（IMF）的国际金融统计（International Financial Statistics，IFS）数据库。

为了控制其他因素对股票市场发展的影响，我们还选取了以下变量作为控制变量：

人均GDP（gdppc）指标用于表征和控制各个国家的经济发展水平，该指标在计量检验时我们取对数后进入模型检验，其中每个国家人均GDP均按照以1978年为基期的不变美元（constant dollar）计算得出，并按照当年购买力平价汇率折算。

司法效率（effic_jud）用于控制各个国家的司法效率情况。研究证明，通常情况下富国的财产权保护和法律实施水平相对较高，从而金融发展水平较高（LLSV，1999b）。为了控制证券法体系之外的法律实施情况对股票市场发展的影响，我们采用司法效率指标作为控制变量，该指标来源于国际风险指标数据库（International Country Risk Guide）。

对抗董事权利（anti_dire）用于控制公司法体系对投资者权利的保护。LLSV（1998）根据公司法对股票市场的影响制定了该指标，反映各国公司法通过对投资者权利的保护，从而对股票市场产生的影响。

图6-9、6-10和6-11直观地反映了股票市场资本化与信息披露要求、赔偿责任标准和公共执法之间的关系。从图中我们可以看出，随着信息披露要求、赔偿责任标准和公共执法水平的提高，股票市场资本化程度上升，即股票市场规模在扩大。

图6-12、6-13和6-14直观地反映了上市公司密度与信息披露要求、赔偿责任标准和公共执法之间的关系。从图中我们可以看出，随着信息披露要求、赔偿责任标准和公共执法水平的提高，上市公司密度也在提高，即上市公司数量规模在上升。

六、股东权利保护与股票市场发展

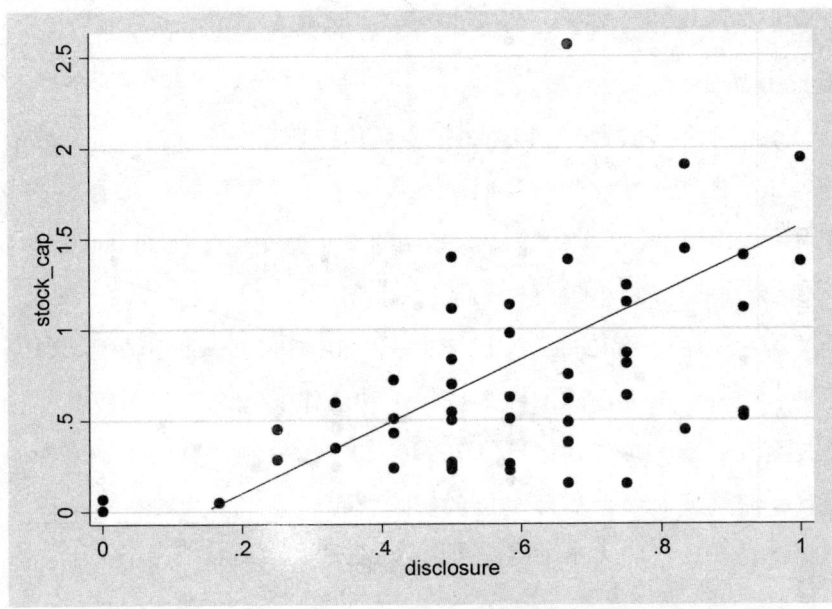

图 6-9 股票市场资本化与信息披露要求

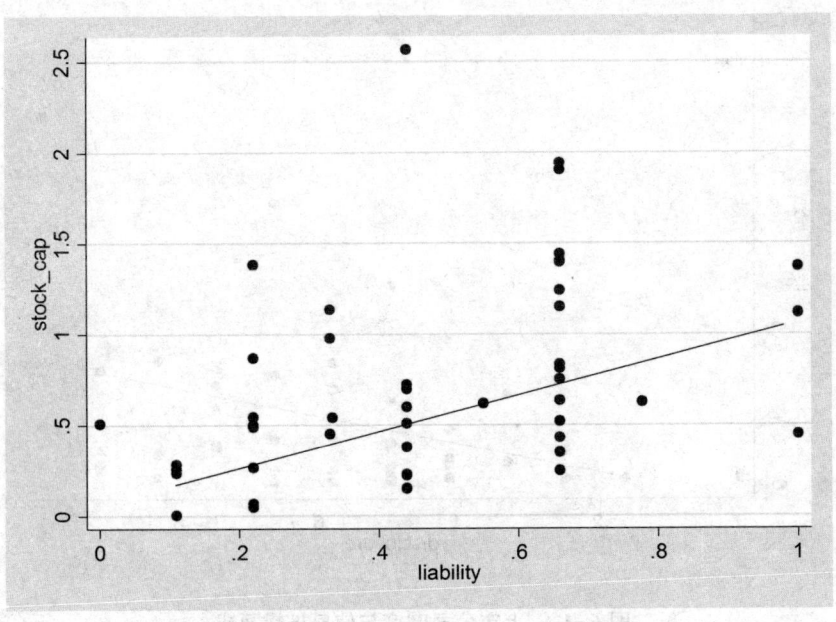

图 6-10 股票市场资本化与赔偿责任标准

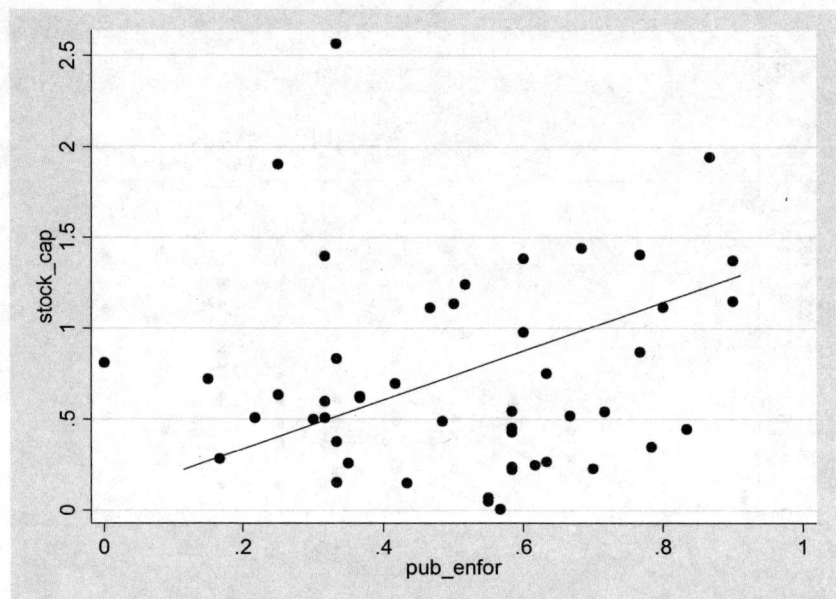

图 6-11 股票市场资本化与公共执法

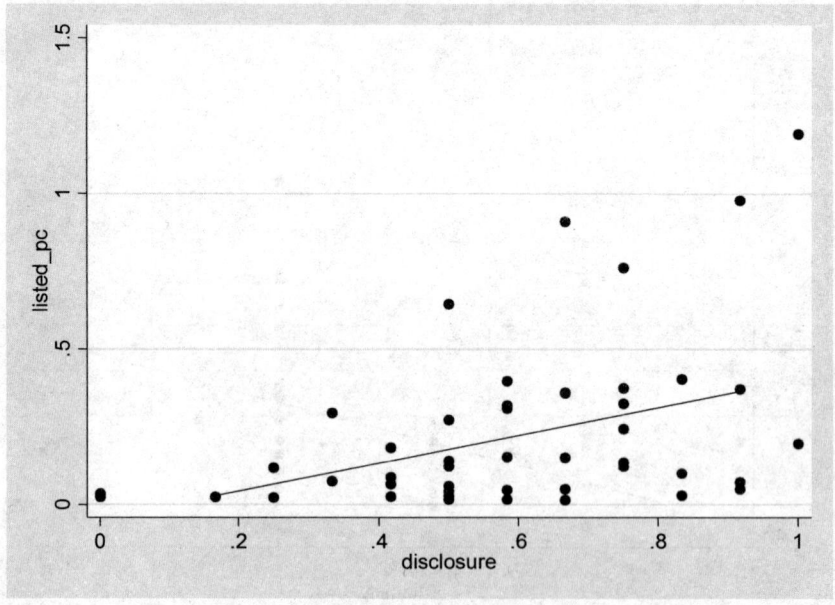

图 6-12 上市公司密度与信息披露要求

六、股东权利保护与股票市场发展

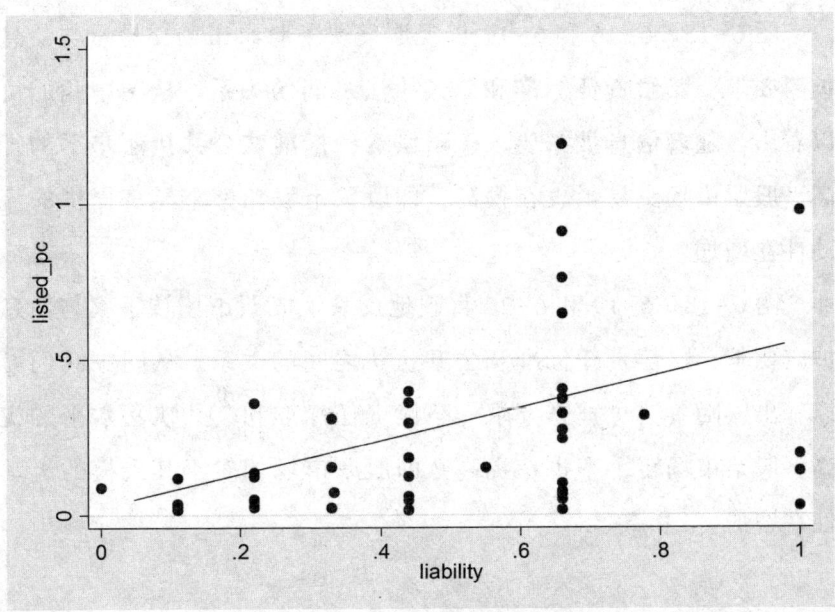

图 6-13　上市公司密度与赔偿责任标准

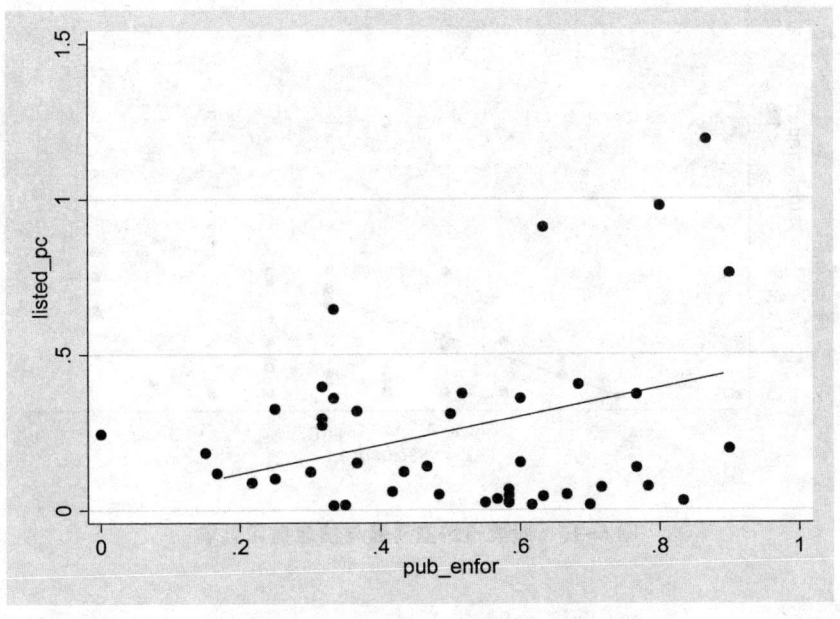

图 6-14　上市公司密度与公共执法

图6-15、6-16和6-17直观地反映了股票市场交易量与信息披露要求、赔偿责任标准和公共执法之间的关系。从图中我们可以看出，随着信息披露要求、赔偿责任标准和公共执法水平的提高，股票市场交易量也在提高，即股票市场向整个经济提供的流动性在增加。

图6-18、6-19和6-20直观地反映了股票市场转手率与信息披露要求、赔偿责任标准和公共执法之间的关系。从图中我们可以看出，随着信息披露要求、赔偿责任标准和公共执法水平的提高，股票市场转手率也在提高，即股票市场相对于其规模的流动性在增加。

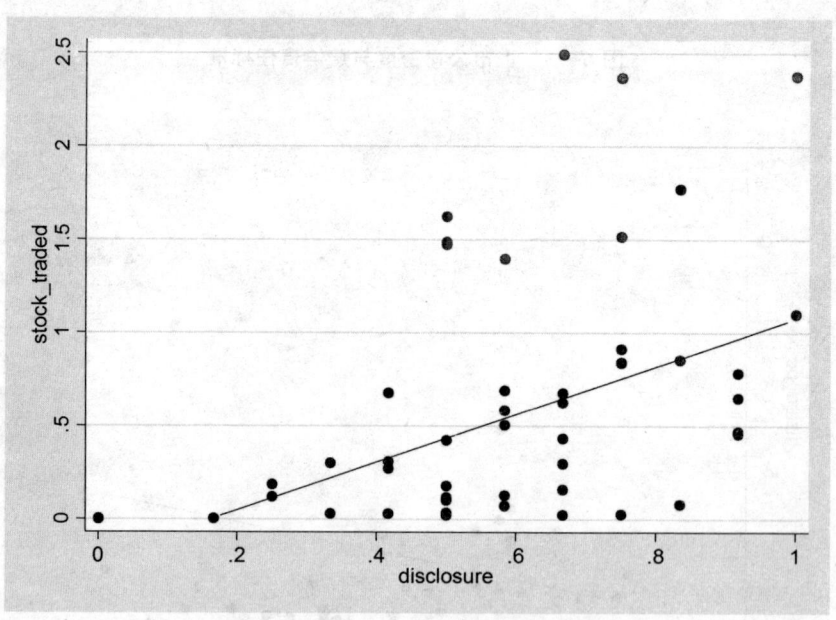

图6-15 股票市场交易量与信息披露要求

六、股东权利保护与股票市场发展

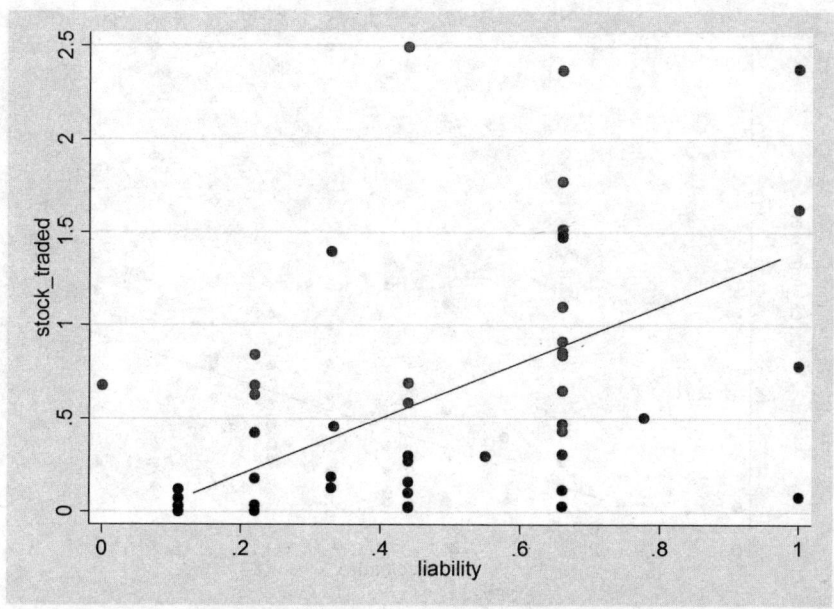

图 6-16　股票市场交易量与赔偿责任标准

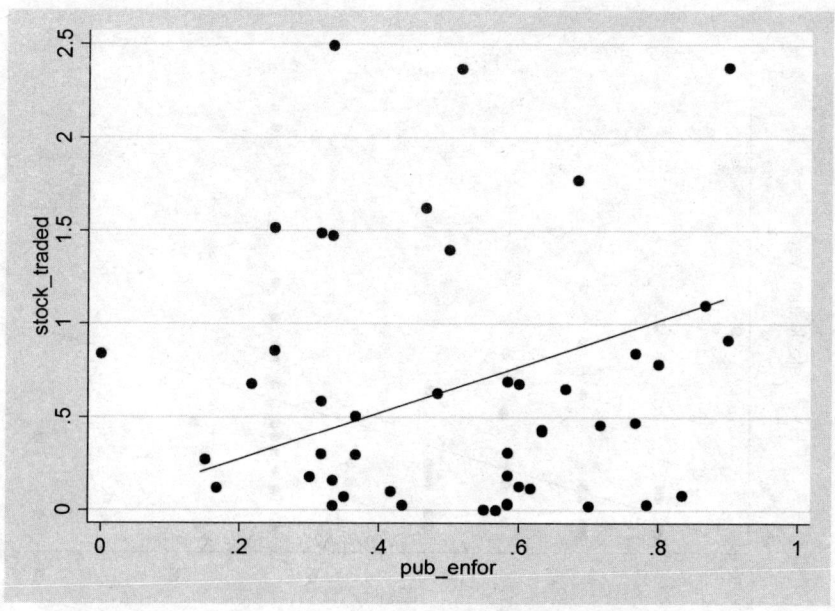

图 6-17　股票市场交易量与公共执法

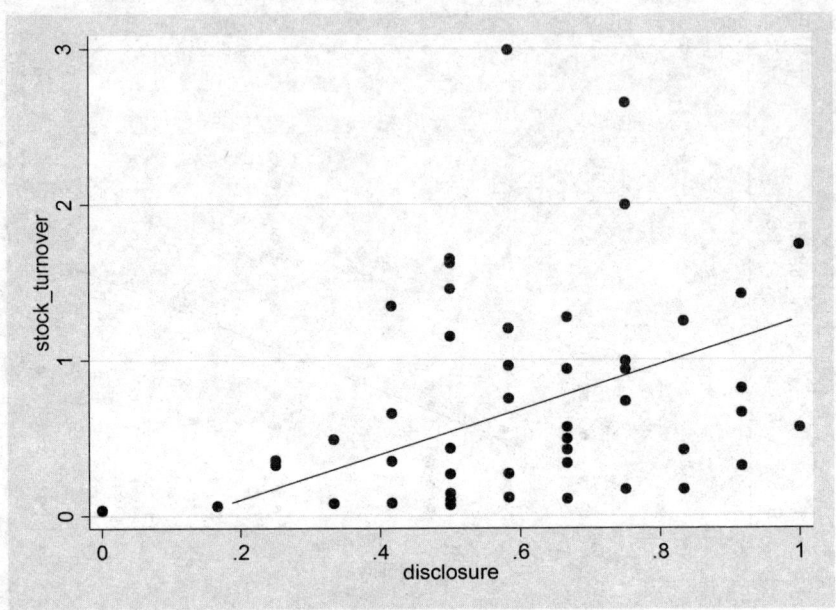

图 6-18 股票市场转手率与信息披露要求

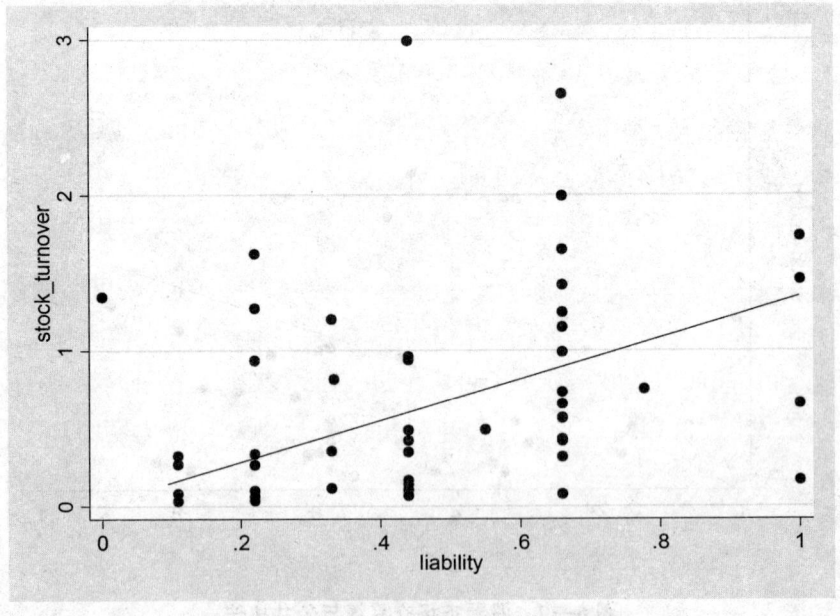

图 6-19 股票市场转手率与赔偿责任标准

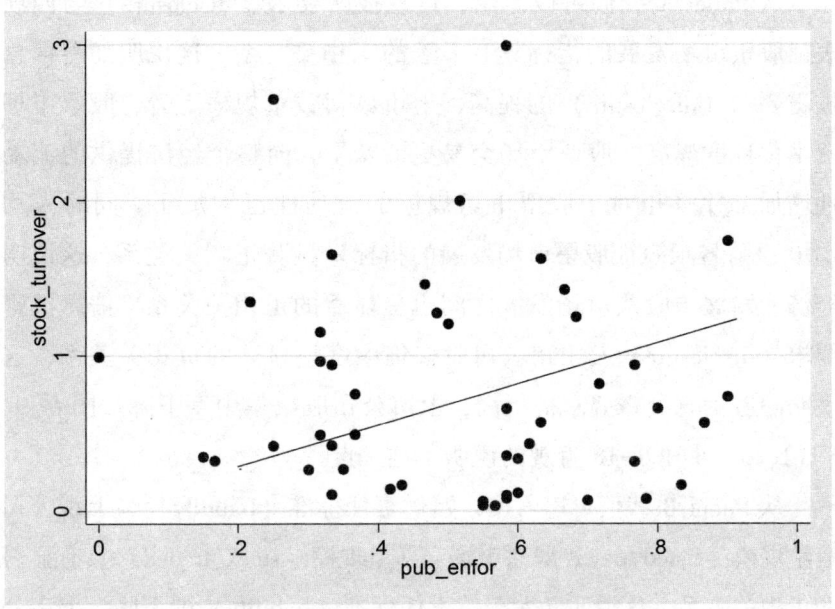

图 6-20　股票市场转手率与公共执法

2. 模型的构建

$$fin\_dev_i = \alpha + \beta shr_i + \sum_j \gamma_j X_{ji} + \delta \ln gdppc_i + \varepsilon_i \qquad (6.5.1)$$

在方程（4.4.1）中，下标 i 表示国家。ε_i 是服从独立同分布的随机扰动项。fin_dev 表示股票市场资本化（stock_cap）、上市公司密度（listed_pc）、股票市场交易量规模（stock_traded）和股票市场转手率（stock_turnover）四个表征股票市场发展的指标，衡量各国的股票市场发展程度。X 是控制一个国家其他相关情况的控制变量，包括：司法效率（effic_jud）和对抗董事权利（anti_dire）。

3. 检验结果

表 6-1 给出衡量股票市场发展的各项指标与对抗董事权利、司法效率、人均 GDP（取对数）、信息披露要求（Panel A）、赔偿责任标准（Panel B）和公共执法（Panel C）的回归结果。

从 Panel A 我们可以看出，信息披露要求（disclosure）与四项表征股票市场发展的指标具有显著的正相关关系。这说明随着信息披露要求（disclosure）的提高，上市公司数量规模上升，股票市场资本化程度提高。股票市场交易更活跃了，向整个经济提供的流动性增加，并且相对于股票市场规模的流动性也增加了。同时人均 GDP 也与各项表征股票市场发展的指标呈显著正相关关系，这说明经济的发展与股票市场发展之间也呈显著的正相关关系。信息披露要求（disclosure）与上市公司股权集中度呈显著的负相关关系，这表明随着信息披露要求的提高，上市公司股权集中度下降。图 6-9、6-12、6-15 和 6-18 直观的说明了这一点。

从 Panel B 我们可以看出，赔偿责任标准（liability）与上市公司数量规模（listed_pc）、股票市场交易量规模（stock_traded）具有显著的正相关关系。这说明随着赔偿责任标准（liability）的下降，上市公司数量规模上升，股票市场交易活跃度增加，向整个经济提供的流动性增加。同时人均 GDP 也与各项表征股票市场发展的指标呈显著正相关关系，这说明经济的发展与股票市场发展之间也呈显著的正相关关系。赔偿责任标准（liability）与股票市场资本化（stock_cap）、股票市场转手率（stock_turnover）和上市公司股权集中度（concentration）相关关系虽然不显著，但是从现有的回归结果，在某种程度上表明，随着赔偿责任标准（liability）的下降股票市场资本化程度上升、相对于股票市场规模的流动性增加，同时上市公司股权集中度下降。图 6-10、6-13、6-16 和 6-19 直观的说明了这一点。

表 6-1　回归结果

	Panel A：信息披露要求				
	stock_cap	listed_pc	stock_traded	stock_turnover	concentration
disclosure	1.030***	.312**	1.037***	.829*	-0.193**
	(.302)	(.154)	(.384)	(.458)	(0.087)

（续表）

	\multicolumn{5}{c}{Panel A：信息披露要求}
	stock_cap	listed_pc	stock_traded	stock_turnover	concentration
effic_jud	.062 (.041)	.033 (.020)	-.012 (.052)	-.126** (.062)	-0.007 (0.009)
anti_dire	.015 (.055)	.026 (.028)	.028 (.070)	.060 (.083)	-0.020* (0.012)
lngdppc	.207* (.121)	.120* (.064)	.545*** (.161)	.530*** (.192)	-0.029** (0.014)
constant	-1.181*** (.390)	-.745*** (.199)	-2.039*** (.497)	-.977 (.592)	0.954*** (0.103)
observations	48	48	48	48	49
R²	0.4800	0.4365	0.4457	0.2391	0.3600
	\multicolumn{5}{c}{Panel B：赔偿责任标准}
liability	.483 (.299)	.242* (.141)	.806** (.356)	.453 (.425)	-0.110 (0.070)
effic_jud	.071 (.044)	.035* (.021)	-.003 (.053)	-.119* (.063)	-0.010 (0.010)
anti_dire	.060 (.060)	.031 (.028)	.043 (.071)	.091 (.085)	-0.028** (0.013)
lngdppc	.201 (.140)	.111* (.066)	.515*** (.166)	.521** (.199)	-0.027* (0.015)
constant	-.992** (.425)	-.678*** (.201)	-1.818*** (.506)	-.818 (.604)	0.915*** (0.100)
observations	48	48	48	48	49
R²	0.3772	0.4223	0.4210	0.2023	0.3100
	\multicolumn{5}{c}{Panel C：公共执法}
pub_enfor	.363 (.343)	.367** (.155)	.268 (.423)	-.321 (.483)	0.056 (0.094)

(续表)

	Panel C：公共执法				
	stock_cap	listed_pc	stock_traded	stock_turnover	concentration
effic_jud	.077* (.045)	.041** (.020)	.001 (.056)	-.123* (.064)	-0.009 (0.011)
anti_dire	.084 (.057)	.032 (.026)	.104 (.070)	.153* (.080)	-0.042*** (0.012)
lngdppc	.252* (.141)	.145** (.063)	.587*** (.174)	.542*** (.198)	-0.029* (0.015)
constant	-1.256** (.478)	-.922*** (.216)	-2.056*** (.589)	-.668 (.674)	0.891*** (0.117)
observations	48	48	48	48	49
R^2	0.3563	0.4537	0.3580	0.1896	0.2900

注：***、**、*分别表示在1%、5%、10%的统计水平上显著，括号中的数字为标准差。

Panel C 的回归结果中，公共执法（pub_enfor）除了与股票市场交易量规模（stock_traded）显著正相关外，与其他表征股票市场发展的变量都不相关。这说明，公共执法在股票市场发展中的作用并不显著。因此，对信息披露要求的提高和降低投资者举证负担更能促进股票市场的发展。

（六）本章小结

本章在参考相关研究文献的基础上，从理论研究和实证研究两个方面研究了法律制度对投资者权利保护水平对企业家和投资者行为选择的影响，从而对股票市场发展的影响。理论模型主要通过法律制度对投资者权利的保护，影响企业家转移企业利润、出售公司现金流量权的视角,研究法律制度对投资者行为的影响。研究结果发现,法律制度环境影响企业家的投资决策和现金流量权的配置,通过均衡分析得出:法律对投资者权利保护水平高的国家资本市场规模较大,公司所有权集中度较低,公司规模较大。

基于 LLSV(1998)和 LLS(2006)的研究,建立法律制度对投资者保护的相关指标体系。研究显示,各个国家证券法体系对投资者权利保护水平差异较大。普通法系国家对信息披露要求最高,投资者追偿相对容易。法国法系国家对信息披露要求最低,投资者追偿行为也最不容易实现。公共执法方面各项指标,德国法系国家最差,另外三个法系国家得分差异相对不大。

此外,通过对股票市场发展和法律对投资者权利保护的相关指标进行截面数据分析,检验结果显示,相比信息披露要求和赔偿责任标准,公共执法在股票市场发展中的作用并不显著。因此,对信息披露要求的提高和降低投资者举证负担更能促进股票市场的发展。

附录

表 6-2 本章主要变量指标

指标名称	指标含义
股票市场资本化(stock_cap)	上市股份的总价值除以当年 GDP。
上市公司密度(listed_pc)	上市公司数目除以当年人口总量。
股票市场交易量规模(stock_traded)	在证券交易所的股票交易总额除以当年 GDP,用于衡量股票市场的交易活跃程度。
股票市场换手率(stock_turnover)	股票市场交易量除以股票市场总市值。

命题的证明：

命题 1 的证明：

(a) 部分成立是因为根据假设(b)，$f'(0)=0$。

(b) 部分成立是因为对公式 (6.2.4) 关于 x 全微分得：

$$d_1^*(x,k) = \frac{1}{[k/(1-k)]f''(d^*)} > 0 \tag{6.7.1}$$

(c) 成立是因为对公式 (4.2.4) 关于 k 全微分可得：

$$d_2^*(x,k) = -[x/k^2 f''(d^*)] < 0 \tag{6.7.2}$$

命题 2 的证明：

$$d_{12}^* = \frac{-1}{k^2 f''(d)} \left[1 - \frac{f'''(d)f'(d)}{(f''(d))^2}\right] \tag{6.7.3}$$

根据假设 (d)：

$$\frac{\partial}{\partial d}\left[\frac{f'(d)}{f''(d)}\right] = 1 - \frac{f'''(d)f'(d)}{(f''(d))^2} > 0 \tag{6.7.4}$$

因此，$d_{12}^* < 0$。

命题 3 的证明：

把公式 (6.2.8) 带入 (6.2.1) 得：

$$\Pi = \frac{(g-i)I + (1+i)R_E}{1 - r(x,k)} \tag{6.7.5}$$

$$R_M = \frac{r(x,k)}{1+i} \times \frac{(g-i)I + (1+i)R_E}{1 - r(x,k)} \tag{6.7.6}$$

把 Π 和 R_M 的表达式代入公式 (6.2.5)，可得：

$$\max_{I,R_E,x}\{1 - r(x,k) - kf(d^*)\}\frac{(g-i)I + (1+i)R_E}{1 - r(x,k)} + (1+i)(W_1 - R_E) \tag{6.7.7}$$

并且

$$R_E \leq W_1 \tag{6.7.8}$$

$$R_E \geq I\left[1-r(x,k)\frac{1+g}{1+i}\right] \qquad (6.7.9)$$

公式（6.7.9）等于 $R_E+R_M \geq I$。

首先，讨论 $g<i$ 的情况。因为 $g-i<0$，目标函数是 I 的减函数。公式（6.7.9）满足 $I^*=0$，把 $I^*=0$ 是最优的。如果 $x^*=0$，则 $R_M^*=0$。假设 $x^*>0$，这意味着 $kf(d^*)>0$，$(1-r-kf)/(1-r)<1$。因此 $R_E^*=0$ 能够使目标函数最大化。公式（6.7.8）和（6.7.9）都能够满足 $R_E^*=0$ 和 $I^*=0$，此时 $R_M^*=0$。

其次，讨论 $g=i$ 的情况。如果 $x=0$，目标函数可以写成 $(1+i)W_1$ 和 $R_M=0$。在此情况下，R_E 和 I 的任何值都能满足约束条件。如果 $x>0$，则 $[(1-r-kf)/(1-r)]<1$，$R_E=0$ 能够最大化目标函数值。I 不影响目标函数，因此 I 去任何值都能满足公式（6.7.9），这种情况下 I 唯一可能的取值为 $I=0$。此时，目标函数的值为 $(1+i)W_1$，$R_M=0$。

最后，讨论 $g>i$ 的情况。此时目标函数是 I 的增函数。在（c）（1）的情况下，x^* 满足 $r(x^*,k)[(1+g)/(1+i)] \geq 1$，$I^*=+\infty$。此时，约束条件都能够得到满足，目标函数能够取得最大值。

（c）（2）情况下，两个约束条件都是紧的。如果 $R_E^*>I^*[1-r(x^*,k)[(1+g)/(1+i)]]$，即约束条件不是紧的，可以增加 I，进而增加目标函数，这与事实相悖。

如果公式（6.7.9）是紧的，公式（6.7.7）可以写成：

$$\max_{x,I}\left[\frac{1+g}{1+i}-1-kf(d^*(x,k))\frac{1+g}{1+i}\right]I+W_1 \qquad (6.7.10)$$

约束（6.7.8）为：

$$I \leq \frac{W_1}{1-r(x,k)\frac{1+g}{1+i}} \qquad (6.7.11)$$

企业家选择 x，使公式（6.7.10）括号中的部分大于 0（当 $x=0$

时该部分表达式的取值为正值),因此他将尽可能使 I 取最大值。约束 (6.7.8) 是紧的,意味着企业家把他自己所有的财富投资到项目。把 I 的值代入公式 (6.7.10),得:

$$G(x,k)=\frac{\frac{1+g}{1+i}-1-kf(d^*(x,k))\frac{1+g}{1+i}}{1-r(x,k)\frac{1+g}{1+i}} \quad (6.7.12)$$

此时,该最大化问题可以简化为 $\max_x G(x,k)$,该问题的一阶条件是 $G_1(x^*,k)=0$,即公式 (6.2.9)。满足最大化问题的二阶条件:

$$M=\frac{\frac{1+g}{1+i}}{1-\frac{1+g}{1+i}r(x^*,k)}>0 \quad (6.7.13)$$

$G_{11}(x^*,k)=M(-(1-k)d_1^*(x^*,k)-(1-k)x^*d_{11}^*(x^*,k)+r_{11}(x^*,k)G(x^*,k))$

$G_{11}(x^*,k)=$

$-M(1-k)d_1^*\left[\left(2-\frac{f'(d)f'''(d)}{(f''(d))^2}\right)G(x^*,k)+\left(1-\frac{f'(d)f'''(d)}{(f''(d))^2}\right)\right]<0$

根据假设 (d),所有小括号中的公式均为正值。

假设 (d) 保证了该目标函数能够取最大值,即保证了边际成本递增和边际收益递减。边际成本递增可以理解为期望罚款随着 x 的增加而增加,这由 $kf'(d^*)\cdot d_1^*$ 得出。根据假设 (d),无论企业所有权的集中度如何变化,d_1^* 不变。在第二期,企业家使利率转移的期望罚款 $kf'(d^*)$ 的增加等于期望股利 $(1-k)x$ (随 x 的增加而增加)的增加。因此,边际成本 $kf'(d^*)\cdot d_1^*$ 是 x 的增函数。

边际收益高于市场收益时能够获得额外的资金供给。额外的收益由 $r_1(x,k)=[1-(1-k)d^*]+[-x(1-k)d_1^*]$ 决定。第一个括号(数量效应)是市场向额外一单位股份的价格。高的 x 意味着市场期望高的利润转移,低的股利支付。因此,数量效应是 x 的减函数。当卖出额外一单位股份时，市场期望更多的利润转移，股份的价格下降。第二个括号（价格效应）是收益的负效应。高水平的x，股份的价格下降，这将影响每一单位股份的价格，x越高，价格效应越大。总之，随着x的增加，正的数量效应下降，负的价格效应上升。因此，边际收益是x的减函数。

对$\partial[kf(d^*(x,k))]/\partial k<0$的证明：

$$\frac{\partial}{\partial k}[kf(d^*(x,k))]=\frac{\partial}{\partial k}[kf(d^*(0,k))+k\int_0^x f'(d^*(h,k))d_1^*(h,k)dh]$$

$$=\frac{\partial}{\partial k}\int_0^x h(1-k)d_1^*(h,k)dh$$

$$=\int_0^x h\frac{\partial}{\partial k}[(1-k)d_1^*(h,k)]dh<0$$

(6.7.14)

根据命题1的(a)，$d^*(0,k)=0$。根据假设(a)，$f(0)=0$，把$f'(d^*(h,k))$用公式（6.2.4）的一阶条件代替，即得上面第一个等式。由命题2可以推出最后一个不等式成立。

命题4的证明：

(a)部分：假设$g>i$，对x^*的公式对k全微分的一阶条件为：

$$\frac{\partial x^*}{\partial k}=\frac{G_{12}(x^*,k)}{G_{11}(x^*,k)}=-\frac{M(-x\frac{\partial}{\partial k}[(1-k)d_1]+r_{12}G+r_1G_2)}{G_{11}}\bigg|_{x=x^*}$$

(6.7.15)

接下来我们证明公式（6.7.15）大于0。根据二阶条件，$G_{11}(x^*,k)<0$。根据文中所述，$M>0$。根据命题2和$d_{12}^*<0$，分子的第一项大于0。第二项是也大于0。首先，由$G(0,k)>0$推出$G(x^*,k)>0$。其次，$r_{12}=-\partial[(1-k)d^*]/\partial k-x\partial[(1-k)d_1^*]/\partial k>0$。根据命题2和$d_{12}^*<0$，第一个括号中的两项都是$k$的减函数。最后，分子上第三项的两项也都大于0。$r_1(x^*,k)>0$是因为该问题的解必须位于$x$

的增函数区域。$G_2(x^*,k)=M(k_2g-\partial[kf(d^*)]/\partial k)>0$,是因为根据命题 1 的 (c) 部分,$d_2<0$,因此 $r_2=x(d-(1-k)d_2)>0$。又因为 $\partial[kf(d^*(x,k))]/\partial k<0$,第二项小于 0。

(b) 部分:每个厂商能够获得:

$$R_M = \frac{r(x^*,k)}{1+i}(1+g)I^* = \frac{r(x^*,k)}{1+i}(1+g)\frac{W_1}{1-r(x^*,k)\frac{1+g}{1+i}} \quad (6.7.16)$$

公式 (6.7.16) 是 $r(x^*,k)$ 的增函数。$\partial r(x^*,k)/\partial k = r_1(x^*,k)(\partial x^*/\partial k)+r_2(x^*,k)>0$,因为 $\partial x^*/\partial k>0$,$r_1(x^*,k)>0$,$r_2(x^*,k)>0$。对每个厂商 j 成立,对所有厂商的加总也成立。

(c) 部分:E 的投资等于他从市场上融到的资金加上他自己所有的财富。因为高的 k 能是他融到更多的资金,因此结论成立。

命题 5 的证明:

通过上市,E 得到 $G(x^*,k)W_1+W_1-c$,通过保持私有,E 得到 $[(1+g)/(1+i)]W_1$。根据包络定理,$\partial G(x^*,k)/\partial k=G_2(x^*,k)$。这个表达式为正值已经在命题 4 证明过程中 (a) 部分解释过。因此,上市与保持私有之间的区别在于 k 的增加。也就是说,在具有良好的投资者保护的国家,上市的收益 g 大于成本 c。

命题 6 的证明:

在一国投资者保护水平为 k 时,以 $x^*(k)$ 表示任意企业 j 的 x 的均衡水平。由公式 (6.2.4),利润转移的均衡水平满足 $f'(d^*)=[(1-k)/k]x^*(k)$。因为 $f''>0$,左边越大,利润转移越大。因此,利润转移跟随 k 下降,当且仅当 $\partial[(1-k)x^*(k)/k]/\partial k<0$ 时。

七、信贷市场的法治效应：
理论模型及其扩展

（一）引言

法律对债权人权利的保护程度是影响信贷市场发展的重要因素（LLSV，1997；Shleifer and Vishny，1997）。重视保护债权人权利的法律制度能够有效地降低借贷契约的履约成本，促进信贷市场的发展（Levine，1998）。而债权人权利保护薄弱的法律环境下，借款人的违约成本更低、贷款人的放贷风险更高，借贷合同的执行率大打折扣，致使贷款人采取缩减贷款规模、提高抵押率、索取更高的贷款利率、缩短贷款期限等措施规避风险（Diamond，2004；Qian and Strahan，2007；Bae and Goyal，2009）。当放贷风险足够大时，贷款人甚至通过信贷配给以控制风险（Stiglitz and Weiss，1981）。

法律的生命力在于实施（徐汉明，2013），相比完善的法律条文，要实现法律对债权人的保护更有赖于法律条文的践行（Bae and Goyal，2009）。皮斯特等（Pistor et al.，2000）在对转型国家的研究中发现，实现法律对投资者权利保护的是法律实施效率，而不是法律条文本身。有完善的法律条文而不严格实施，不仅不能促进金融发展，反而会扰乱金融秩序阻碍金融发展（Bhattacharya and Daouk，2002，2009）。即使在同一个国家、适用相同的法律制度，法律条文落实的差距也会导致银行贷款行为选择的差异（Jappelli, Pagano and Bianco, 2005）。

法治水平与金融发展的中国样本研究大多以信贷市场作为衡量金融发展的指标，研究证明中国法治水平的提高不仅促进地区信贷市场的发展，还有助于银行贷款期限结构的长期化（皮天雷，2010；邵明波，2010）。地区法治水平和金融发展水平的提高，对政府干预有一定的抑制效应，从而减少地方国有企业获得银行贷款的数量、缩短贷款期限（余桂明、潘红波，2008），提高私人部门从银行获得的贷款份额（卢峰、姚洋，2004）。在法治水平和金融发展水平较低的地区，政治关系是民营企业获得信贷支持的重要途径（余桂明、潘红波，2008）。

法治水平从两方面影响信贷市场：一方面借贷合同签订前，银行不仅需要评估贷款项目的质量，还要考虑一旦借款人违约，通过法律途径追偿的风险成本（Qian and Strahan, 2007）。对债权人权利保护程度高的法治环境，通过法律途径追偿违约损失的成本相对较低。因此，法治水平的提高有助于银行对信贷申请的风险识别和预测，降低银行对贷款申请的筛选成本（Manove, Padilla and Pagano, 2001）。另一方面借贷合同签订后，借款人策略性违约将导致道德风险，法治水平的提高有助于提高借款人策略性违约的成本，保护银行的债权人权利（Jappelli Pagano and Bianco, 2005）。

本节研究基于杰派利等（Jappelli et al., 2005）的模型，引入银行筛选成本（screening cost），并假设银行筛选成本随着法治水平[①]的提高而下降。研究结果认为：在完全竞争的信贷市场上，法治水平的提高会放松借款人面临的信贷约束，提高放贷总量，降低同等

---

① 法治的核心是宪法和法律的实施（徐汉明，2013），本章采用法律实施变量描述法治水平。

抵押水平下的贷款利率,而对信贷市场平均贷款利率水平的影响不确定;垄断的信贷市场上,法治水平的提高会放松借款人面临的信贷约束,提高信贷市场上的贷款总量和平均利率;完全竞争的信贷市场上,随着法治水平的提高借款者个人的投资成功率上升,但借款人集合的平均投资成功率会降低;在垄断的信贷市场上,随着法治水平的提高借款者个人的投资成功率和借款人集合的平均投资成功率都降低。

本节余下部分安排如下:第二部分给出本节理论模型的基本假定;第三部分为基本模型分析,分别考察完全竞争和垄断的信贷市场上法治对信贷约束和贷款利率的影响;第四部分主要考察当项目投资的成功率内生时,法治水平对投资成功率的影响。

(二)模型基本设定

假设一个连续的借款人集合,代表性借款人 b_i 没有流动资产,只有固定资产 C_i 可以作为抵押品。b_i 投资于一个项目需要 L_i 单位的贷款,抵押率为 $c_i = C_i/L_i$。投资项目成功的概率为 p,失败的概率为 $1-p$。成功项目每单位投入的产出为 $1+\pi$,失败项目的产出为 0。所有投资项目的预期产出都超过银行的成本,即有正的净现值(NVP)。银行和借款人都是风险中性的。

假设事后银行可以观察到贷款项目成功与否。如果项目成功了而借款人撒谎,那么银行可以诉诸法庭解决。诉诸法庭解决要花费成本[①],这反映了司法系统的执法效率。考虑到执法效率的因素,假设通过法庭解决只能得到的补偿为 φ_l 部分的项目产出和 φ_c 部分的抵

[①] 比如银行要承担诉讼费用成本、人员成本、时间成本、贿赂成本以及从提起诉讼到判决结果执行的等待成本等。

押品，φ_l，$\varphi_c \in (0,1)$。φ_l 和 φ_c 两个参数体现了法律实施效率，随着法律实施效率提高，φ_l 和 φ_c 的取值越大。

贷款合同签订前银行在审批贷款项目时会发生相应的成本，假设为分摊到银行资金的单位筛选成本（比如对贷款申请人诚信度、投资项目成功率等的筛选和评估），该成本设为 S：

$$S = p(1-\varphi_c)(1+\bar{r}) \tag{7.2.1}$$

S 随着法律实施效率的提高而降低，随着市场上投资项目成功概率的提高而提高[①]。

银行资金的单位成本为 $\bar{r}$，那么只有满足公式 (7.2.2) 的约束，银行才会放贷：

$$p(1+\pi) \geqslant 1+\bar{r}+S \tag{7.2.2}$$

假设借款人向银行支付的利率为 r_i，当借款人违约时：如果诉诸法庭，借款人的支付为 $\varphi_l(1+\pi)+\varphi_c c_i$（当该项目投资成功时）或者 $\varphi_c c_i$（当该项目投资失败时）。当该项目投资成功时，如果 $1+r_i > \varphi_l(1+\pi)+\varphi_c c_i$，借款人将会有违约动机，从而向银行的支付为 $\varphi_l(1+\pi)+\varphi_c c_i$。如果 $1+r_i \leqslant \varphi_p(1+\pi)+\varphi_c c_i$，借款人将履约，向银行的支付为 $1+r_i$。当该项目投资失败时，如果 $1+r_i > \varphi_c c_i$，借款人将会有违约动机，从而向银行的支付为 $\varphi_c c_i$。如果 $1+r_i \leqslant \varphi_c c_i$，借款人将履约，向银行的支付为 $1+r_i$。

为了激励借款人履约，并避免通过诉诸法庭带来的成本，借款人向银行支付的利率 r_i 满足如下条件：

$$1+r_i \leqslant \varphi_l(1+\pi)+\varphi_c c_i \tag{7.2.3}$$

在这里可以把借款人的抵押分成两部分：一部分来自于抵押品，另一部分来自于项目本身的利润。

[①] 随着市场上投资项目成功概率的提高，参与贷款申请的项目增多，在其他条件不变的情况下，将提高银行的筛选成本。或者可以理解为，在其他条件不变的情况下，贷款申请的增多影响筛选效率，这相当于变相地提高筛选成本。

法律实施效率的改善有以下两方面的影响：第一，很多原本被银行拒绝放款的借款人能够获得贷款，获得贷款的借款人集合的平均质量下降了。第二，由于司法效率的提高银行更倾向于通过司法程序解决违约问题，从而事前投入的筛选成本也下降了，从我们的公式（7.2.1）可以看出，随着 p 的下降，银行的筛选成本 S 也在下降[①]。

（三）基本模型分析

1. 完全竞争的信贷市场

当信贷市场完全竞争时，银行的期望利润为 0，银行的资金成本等于借款人支付的期望值减去筛选成本：

$$1+\bar{r}=p\min(1+r_i-S,\varphi_l(1+\pi)+\varphi_c c_i-S)+(1-p)\min(1+r_i-S_i,\varphi_c c_i-S) \quad (7.2.4)$$

公式（7.2.4）的右边两项为借款人的支付选择，取最小值支付体现了不管项目成功还是不成功，借款人都有最小值支付的机会主义行为倾向。

根据公式（7.2.3），为了保证借款人的投资项目成功的情况下履约，当 $\varphi_c c_i \leq 1+r_i \leq \varphi_l(1+\pi)+\varphi_c c_i$ 时，把 $S=p(1-\varphi_c)(1+\bar{r})$ 带入公式(7.2.4)可以表示为：

$$1+r_i=\frac{(1+\bar{r})+p(1-\varphi_c)(1+\bar{r})-(1-p)\min(1+r_i,\varphi_c c_i)}{p} \quad (7.2.5)$$

把约束条件（7.2.3）带入公式（7.2.5）可得：

$$c_{\min}=\frac{(1+\bar{r})(1+(1-\varphi_c)p)-p\varphi_l(1+\pi)}{\varphi_c} \quad (7.2.6)$$

---

① 麦侬威（Manove, Padilla and Pagano, 2001）的研究也证明，随着司法效率的改善，银行投入的筛选成本下降了，这进一步提高了银行贷款的风险。

当抵押率低于$c_{\min}$时，考虑到法律实施效率的问题以及借款人的机会主义行为选择，银行将不会放贷。而当法律实施为完全效率时，即$\varphi_l=\varphi_c=1$，根据公式（7.2.2）和（7.2.6），$c_{\min}\leqslant 0$，此时所有申请贷款的借款人都能得到贷款。因此当$c_i<c_{\min}$时，借款人b_i将不能得到贷款。

当$1+r_i<\varphi_c c_i$时，表明即使投资失败，抵押品也足够支付贷款，此时抵押率足够大。在完全竞争的市场上，$r_i=\bar{r}+S$，根据公式（7.2.4）可得：

$$c_{\max}=\frac{(1+\bar{r})(1+p(1-\varphi_c))}{\varphi_c} \tag{7.2.7}$$

而当$1+r_i>\varphi_c c_i$时，如果投资项目失败，抵押品不能足够弥补银行的损失，即$c_i<c_{\max}$。此时，银行为了弥补损失可能会要求更高的利率支付，或者为了避免损失，将贷款期限缩短，这样可以经常重新评估贷款项目以降低风险。

由此我们得到抵押率c_i与贷款利率r_i呈负相关关系，如图1的AB线，A点的左边区域，$c_i<c_{\min}$，借款人将得不到贷款，B点的右边区域，$c_i>c_{\max}$，借款人的贷款利率为$\bar{r}+S$。

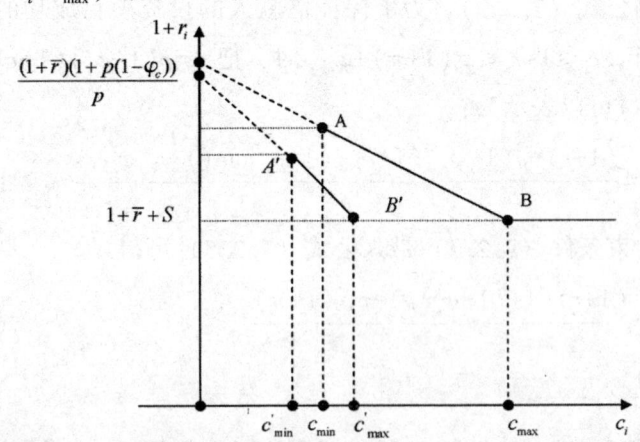

图7-1 完全竞争的信贷市场外部抵押率（φ_c）变化的影响

借款人的效用为：

$$u_i = p((1+\pi)+c_i-(1+r_i))+(1-p)(c_i-\min(1+r_i,\varphi_c c_i)) \quad (7.2.8)$$

$$= \begin{cases} p(1+\pi)-(1+r_i)+c_i & \text{if} \quad c_i \geq c_{max} \\ p[(1+\pi)-(1+r_i)]+[1-\varphi_c(1-p)]c_i & \text{if} \quad c_i \geq c_{max} \end{cases}$$

如果借款人不贷款，他只拥有抵押品，他的效用为 c_i，因此借款人的参与约束为：$u_i \geq c_i$，根据公式（7.2.4）、（7.2.5）和（7.2.8），得出：$p(1+\pi) \geq (1+\bar{r})(1+p(1-\varphi_c))$，即公式（2）的净现值约束。由此我们得出公式（7.2.2）成立时，借款人的贷款行为才会发生，因此（7.2.2）是借款人的参与约束条件。

接下来我们讨论法律实施效率的提高对信贷市场的影响。体现法律执行效率的参数有两个 φ_l 和 φ_c，当银行通过诉诸法庭解决借款人违约问题时，φ_l 为来自投资项目本身利润的索偿率，φ_c 为来自投资项目贷款抵押品的索偿率。我们分别讨论 φ_l 和 φ_c 的变化对信贷市场的影响。

φ_c 的变化会影响曲线 AB 的斜率和截距，随着 φ_c 的增加，曲线 AB 向里移动到 A′B′ 的水平（见图 7-1）。c_{min} 和 c_{max} 分别减少到 c'_{min} 和 c'_{max}，此时信贷约束区域缩小，$c=c'_{min}$ 时 A′ 的利率低于 A 点。随着法律实施效率的提高，很多之前不能得到贷款的项目申请能够得到贷款，并且银行没有提高对其贷款的利率水平。此时，抵押率介于 c_{min} 和 c_{max} 之间的借款人仍然能够获得贷款，但是平均支付的利率下降了，即原来的借款人 b_i 所面临的贷款利率下降了或者不变。当然，信贷市场的平均贷款利率水平可能会由于信贷市场上借款人构成的变化，以及信贷市场的扩张而提高，这主要取决于 φ_c 变化前后市场上借款人的抵押率分布情况。

随着 φ_l 的增加，零利润边界 AB 向左上方延伸到 A′B（见图 7-2），一部分原来受信贷配给约束的借款人不再受约束，贷款总量增加了。老借款人（法律实施效率改善前不受信贷配给约束的借款人）

面临的利率支付没有改变，新增加的借款人的利率支付高于老借款人，因此市场上的平均利率支付提高了。

φ_c 的提高表示借款人违约时，通过诉诸法庭银行可获得的抵押品比例增加了。从图 1 中我们可以得到，φ_c 的增加提高了银行贷款的安全度。一旦借款人违约，诉诸法庭可以得到较高比例的抵押品索取权。从图 7-2 中我们可以得到，借款人还可以抵押更多的项目利润，即借款人违约时诉诸法庭银行能够得到更高比例的借款人项目所得。然而借款人项目只有成功时才有收益，此时借款人项目投资成功是关键的限定条件。φ_l 改善前已经获得贷款的老借款人所提供的抵押品已经足够保证贷款安全，因此他们的利率支付不变。而 φ_l 改善后新加入的借款人面临的贷款利率高于老贷款人，即银行要通过提高贷款利率获取更高比例的项目利润以弥补放松信贷约束带来的风险。所以，φ_l 的改善会提高信贷市场上的平均利率水平。

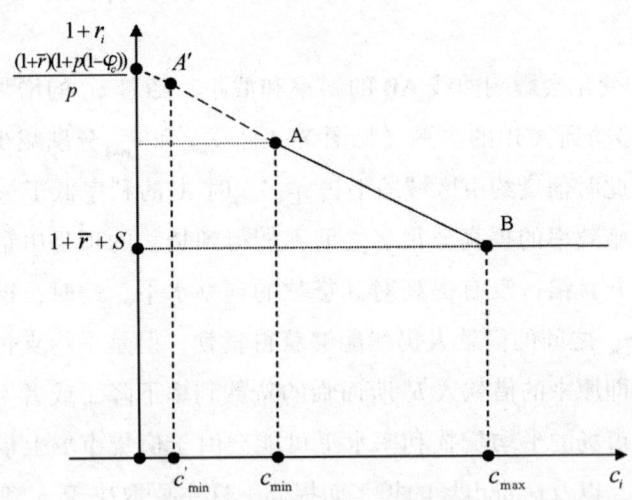

图 7-2 完全竞争的信贷市场内部抵押率（φ_l）变化的影响

因此，在完全竞争的市场上，法律实施效率的提高会放松借款人面临的信贷约束，增加放贷总量。法律实施效率的改善对信贷市场平均贷款利率水平的影响并不确定：φ_c 的改善对平均利率水平的影响不确定(取决于借款人集合的构成),φ_l 的改善会提高信贷市场上的平均利率水平。银行筛选成本随着法治水平的提高而下降,进而降低了同等抵押水平下的贷款利率。

2. 垄断的信贷市场

如果信贷市场被银行垄断,银行贷款利率将不再是完全竞争时的水平。垄断的银行有足够的市场力量去尽可能多地获得借款人的利润,获取所有的剩余。然而当 $1+r_i>\varphi_l(1+\pi)+\varphi_c c_i$ 时,投资项目成功时借款人将支付 $\varphi_l(1+\pi)+\varphi_c c_i$,因此银行从借款人得到的最大支付仍然是 $\varphi_l(1+\pi)+\varphi_c c_i$。假设信贷市场上的需求缺乏弹性,银行的参与约束为:

$$p\min(1+r_i-S,\varphi_l(1+\pi)+\varphi_c c_i-S)+(1-p)\min(1+r_i-S_i,\varphi_c c_i-S)\geq 1+\bar{r} \tag{7.2.9}$$

借款人的参与约束为:

$$u_i=p((1+\pi)+c_i-\min(1+r_i,\varphi_l(1+\pi)+\varphi_c c_i))+(1-p)(1-\varphi_e)c_i\geq c_i \tag{7.2.10}$$

由公式(7.2.9)可得借款人的最低抵押率 $c_{\min}$ 仍然等于公式(7.2.6),把公式(7.2.9)带入(7.2.10),我们可以得到银行要求的最高抵押率 $c_{\max}$:

$$c_{\max}=\frac{p(1+\pi)(1-\varphi_l)}{\varphi_c} \tag{7.2.11}$$

贷款利率的最大值 $r_{\max}$ 满足:

$$1+r_{\max}=(1+\pi)(\varphi_l+p(1-\varphi_l)) \tag{7.2.12}$$

从公式(7.2.9)我们看到,在垄断的情况下,银行对贷款利率具有定价权,能够向提供足够抵押率的借款人索取更高的利率。因此与完全竞争的情况不同,垄断情况下贷款利率 r_i 与抵押率 c_i 是正相关的,如图7-3中的AB线。然而当借款人的抵押率小于 $c_{\min}$ 时,考虑到贷款的安全性,银行仍然不会批准他的贷款申请。

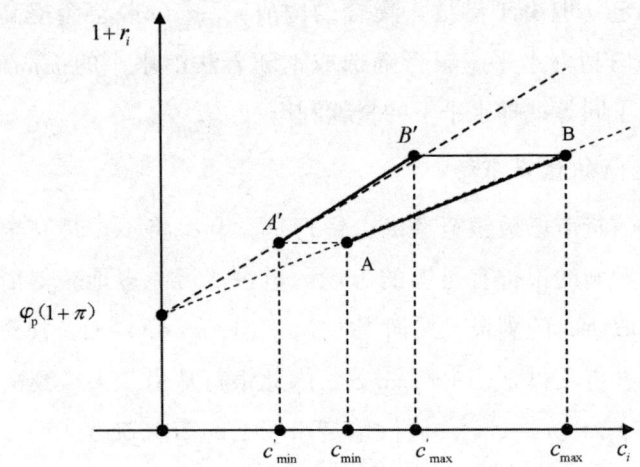

图 7-3 垄断的信贷市场外部抵押率（φ_c）变化的影响

从图 7-3 我们可以看出，随着 φ_c 的提高，借款人所面临的约束从 AB 曲线向左上方移到 A′B′ 的水平，$c'_{\min}<c_{\min}$，$c'_{\max}<c_{\max}$，受信贷配给约束的区域减小了，市场上总的贷款量增加了。与完全竞争市场不同的是，平均贷款利率上升了。φ_c 的提高使银行在借款人违约时通过法庭得到更多的赔偿，提高银行的讨价还价能力，向借款人索取更高的贷款利率。因此，随着 φ_c 的提高，信贷市场上的贷款总量增加，平均贷款利率也上升了。

图 7-4 表明 φ_l 的变化对借款人约束的影响。随着 φ_l 的提高，平均贷款利率也将提高相应的倍数，借款人所面临的约束从 AB 曲线向上方平行移动到 A′B′ 的水平，此时的 $c'_{\min}<c_{\min}$，$c'_{\max}<c_{\max}$，受信贷配给约束的区域减小了，市场上总的贷款总量增加了。此时市场上的平均贷款利率上升了，这与完全竞争市场是相同的。因此，随着 φ_l 的提高，信贷市场上的贷款总量和平均贷款利率都上升了。

垄断情况下法律实施效率的改善对信贷市场贷款总量和平均利率水平都有确定的影响：φ_c 的改善提高银行对抵押品的索偿率，缩小信贷配给约束的区域，增加市场上总的贷款量；φ_l 的改善提高了银行对投资项目利润的索偿率,从而提高市场上的贷款总量和平均利率水平。因此,在垄断的市场上,法律实施效率的提高会放松借款人面临的信贷约束,提高贷款总量,提高信贷市场上的平均贷款利率。

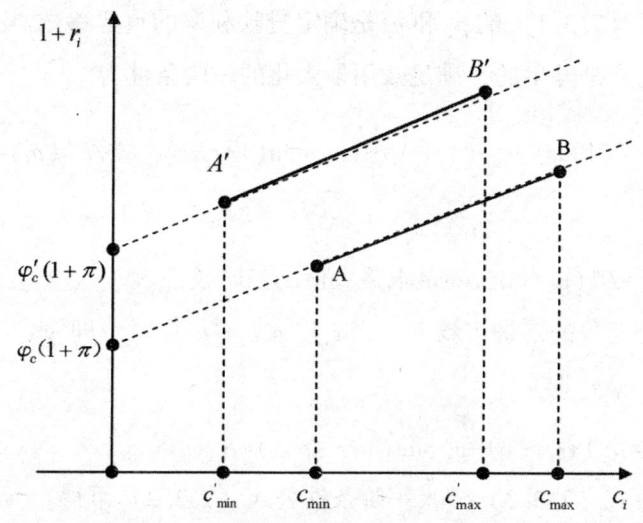

图 7-4 垄断的信贷市场内部抵押率 (φ_i) 变化的影响

(四) 模型的扩展分析:内生的成功率

以上的分析我们假定投资项目成功的概率 p 是外生的参数,法律实施效率的变化对所有借款人的成功概率没有影响。通常来讲,一个投资项目的成功与否与投资人管理项目的努力程度是正相关的,如果银行能够观察到借款人的努力程度,这会影响银行的贷款计划,从而影响借款人面临的信贷约束。

一般来说随着投资人努力程度的提高,投资项目成功的概率也会提高。我们用借款人 b_i 的成功概率定义为 p_i,他的努力成本函数

$E_i(p_i)$ 是 p_i 的增函数,并且 $E'_i(p_i)>0$, $E''_i(p_i)>0$[①]。代表性借款人 b_i 的效用函数为:

$$u_i = p_i((1+\pi)+c_i-(1+r_i))+(1-p_i)(c_i-\min(1+r_i,\varphi_c c_i))-E_i(p_i) \quad (7.3.1)$$

公式 (7.3.1) 的 p_i 和 c_i 是确定贷款利率的重要参数。c_i、r_i 对于 $E_i(p_i)$ 是外生的,满足效用最大化的一阶条件为:

$$\frac{\partial u_i}{\partial p_i}=((1+\pi)+c_i-(1+r_i))-(c_i-\min(1+r_i,\varphi_c c_i))-E'_i(p_i)=0 \quad (7.3.2)$$

$u''_i = -E''_i(p_i)<0$,满足求最大值的二阶条件。

完全竞争的信贷市场上,当 $c_{\min,i} \leq c_i \leq c_{\max,i}$ 时,即 $\varphi_c c_i \leq 1+r_i \leq \varphi_l(1+\pi)+\varphi_c c_i$ 时:

$$1+\bar{r}=p(1+r_i)+(1-p)\min(1+r_i,\varphi_c c_i)-S \quad (7.3.3)$$

把公式 (7.3.3) 带入一阶条件公式 (7.3.2) 可得:

$$E'_i(p_i)=1+\pi-\frac{(1+\bar{r})(1+p_i(1-\varphi_c))-\varphi_c c_i}{p_i} \quad (7.3.4)$$

当 $c_i>c_{\max,i}$ 时,即 $1+r_i<\varphi_c c_i$ 时,把公式 (7.3.3) 带入一阶条件公式 (7.3.2) 可得:

$$E'_i(p_i)=1+\pi \quad (7.3.5)$$

公式 (7.3.4) 与 φ_l、r_i 无关,而与 φ_c 成正比关系。公式 (7.3.5) 与 φ_c、φ_l、r_i 都无关。我们可以看出,完全竞争的信贷市场上,当抵押品不足以弥补投资项目失败给银行带来的损失时,随着法律实施效率的提高银行对抵押品的获得率更大,这激励借款人

[①] 借款人付出的努力越多,投资成功率越高 ($E'_i(p_i)>0$)。随着成功率的提高,每提高一单位的成功率借款人要付出更多的努力 ($E''_i(p_i)>0$)。然而投资成功与否不仅取决于借款人的努力程度,还有赖于机遇、环境等其他因素的配合 ($E'''_i(p_i)=0$)。

七、信贷市场的法治效应：理论模型及其扩展

b_i更加努力，从而提高投资成功率；当抵押品足以支付银行贷款本息时，借款人b_i选择的努力程度与法律实施效率无关，而是取决于投资项目的利润水平和借款人偏好。

此外，法律实施效率的改善还可以通过放松借款人的信贷约束，改变获得贷款的借款人集合的构成，影响市场上的平均努力程度和项目投资的平均成功率。根据公式（7.2.6），当p_i不变时，φ_l的提高减少借款人的$c_{\min,i}$；当$c_{\min,i}$不变时，φ_l的提高带来借款人集合的最低努力程度p_i的降低。新借款人面临更低的c_i或p_i，即法律实施效率的改善使更多的借款人获得贷款的同时，也使获得贷款的借款人集合平均投资失败率$1-p$提高①了。

垄断的信贷市场上，银行会尽可能地榨取借款人的利润，此时：

$$1+r_i = \varphi_l(1+\pi) + \varphi_c c_i \tag{7.3.6}$$

把公式（7.3.6）带入一阶条件公式（7.3.2）可得：

$$E'_i(p_i) = (1+\pi)(1-\varphi_l) \tag{7.3.7}$$

公式（7.3.7）与φ_c、r_i无关，而与φ_l成反比关系。这表明在垄断的信贷市场上，银行能够凭借垄断力量榨取更多的投资项目利润，这会降低借款人b_i的努力积极性，降低投资成功率。

对整个借款人集合而言，根据公式（7.2.6），当p_i不变时，φ_c的提高减少借款人的$c_{\min,i}$；当$c_{\min,i}$不变时，φ_c的提高带来借款人集合的最低努力程度p_i的降低。与完全竞争的信贷市场类似，垄断的信贷市场上法律实施效率的改善也会降低获得贷款的借款人集合的平均投资成功率。

---

① 法律实施效率改善前，如果所有借款人都能获得贷款，那么法律实施效率改善后，借款人投资项目失败率将保持不变。

（五）本章小结

本章通过引入银行筛选成本进一步丰富了法治与信贷市场的理论研究。通过理论模型分析我们得出以下结论：在完全竞争的市场中，法治水平的提高会放松借款人面临的信贷约束，提高放贷总量。法治环境的改善对信贷市场平均贷款利率水平的影响并不确定：φ_c 的改善对平均利率水平的影响不确定（取决于借款人集合的构成），φ_l 的改善会提高信贷市场中的平均利率水平。银行筛选成本随着法治水平的提高而下降，进而降低了同等抵押水平下的贷款利率。而在垄断的市场中，法治水平的提高会放松借款人面临的信贷约束，提高贷款总量，提高信贷市场中的平均贷款利率。完全竞争的信贷市场中，法治水平的提高对借款者个人的投资成功率具有推动效应，但会抑制借款人集合的平均投资成功率；在垄断的信贷市场中，法治水平的提高对借款者个人的投资成功率和借款人集合的平均投资成功率都具有抑制效应。

本章的研究表明，与其通过窗口指导和道义规劝等政策工具影响商业银行的信贷行为，不如通过提高法治水平、提高债权人权利保护的途径实现信贷市场的良序发展。法治的核心是宪法和法律的实施，注重宪法和法律实施是当代法治基本内涵的普遍要求。因此，注重法律实施的效率不仅是实现依法治国的现实要求，更是金融发展的现实需求。

本章的理论模型主要分析了法治对信贷市场上商业银行与借款人两类参与者的影响，缺少对民间金融主体的分析。当前通过立法赋予民间金融合法地位并对其进行法律规制的呼声越来越高。因此，未来的研究可以在模型中考虑体现民间金融参与信贷活动的情况，这将进一步丰富信贷市场的法治效应理论与应用的研究。

八、信贷市场的法治效应：
来自国别数据的实证

（一）特征事实：法律实施效率的国际比较

法律实施是实现立法目标的必要途径，同时也是改进立法和执法各个环节中存在的问题的重要手段，因此法律对经济过程的约束有赖于法律制度的具体执行。虽然各国法律对债权人权利的保护程度不尽相同，但在法律对债权人权利保护水平相同的国家，其执行效率存在很大的差异。如果严格执行法律制度，法律对债权人的保护水平可以直接反映到法律条文中，然而如果法律制度并不能被严格执行，或者大打折扣，法律对债权人的保护水平将比法律条文中的规定还要弱，甚至法律执行中的寻租行为会对经济产生额外的负效应。拉·波塔等（La Porta et al., 1998）建立了反映各个国家法律实施水平的指标体系：司法体系效率（efficiency of judicial system）和法治（rule of law）。司法体系效率指标是根据 1980—1983 年的商业国际公司（Business International Corp.）的调查数据得出，这些数据反映各国法律制度环境对商业（尤其是外商）的影响，表示投资者对某个国家的投资法律环境的评估。该指标取值范围为从 0 到 10 之间，数值越大表示司法体系效率越高，反之则越低。法律实施指标是根据国际风险指标（international country risk guide, ICRG）1982—1995 年的

4月和10月的月度直属的平均值计算得出,该指标取值范围为从0到10之间,数值越大表示法律实施水平越高,反之则越低。

詹柯夫等(Djankov et al., 2007)结合"各国通过法庭解决一笔价值2003年1月人均GDP50%的争议债务合同所需的历日(calendar day)",以及对全球律师事务所的问卷调查,建立了衡量各国法律实施效率指标,该指标数值越大说明法律实施效率越低,反之则越高。本章在詹柯夫等(Djankov et al., 2007)的研究基础上,分别根据债权人权利、法律起源和收入水平,对各国法律实施水平进行比较分析。本节分析的样本有122个国家和地区,其中仅包括四个法系国家和地区(普通法系、法国大陆法系、德国大陆法系和斯堪的纳维亚法系),不包括詹柯夫等(Djankov et al., 2007)样本国家中的社会主义法系国家。

从法律实施效率的整体情况来看,各国法律实施效率差异非常大。法律实施效率最高的是突尼斯(Tunisia),通过法庭解决一笔价值2003年1月人均GDP的50%争议债务合同仅需要3.29天;法律实施效率最低的是安哥拉(Angola),需要7.29天,是突尼斯(Tunisia)的2.22倍(图8-1)。

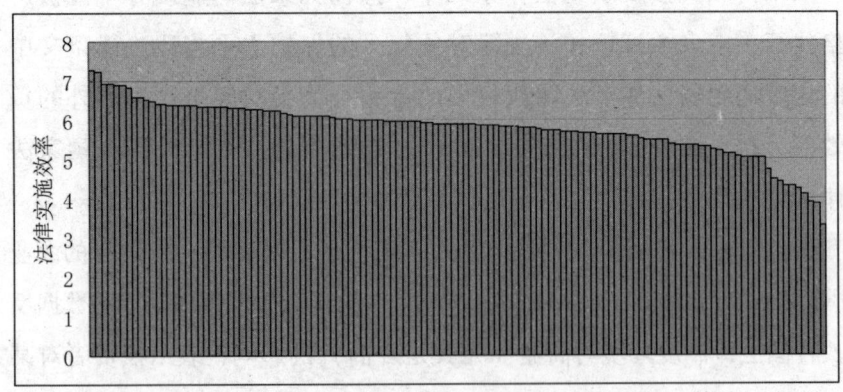

图8-1 122个国家和地区法律实施效率情况

资料来源:根据Djankov et al.(2007)相关数据整理。

八、信贷市场的法治效应：来自国别数据的实证

按照债权人权利分类来看，随着债权人权利保护水平的提高，法律实施效率也在提高。当债权人权利得不到保护时（债权人权利的得分为0），法律实施效率最低，该组通过法庭解决一笔价值2003年1月人均GDP50%的争议债务合同平均需要5.89天；当债权人权利得到充分保护时（债权人权利得分为4），法律实施效率最高，该组平均需要5.64天。可见，法律制度对债权人的保护水平与法律实施效率成正比关系，随着法律制度对债权人的保护水平的提高，法律实施效率也在上升（图8-2）。

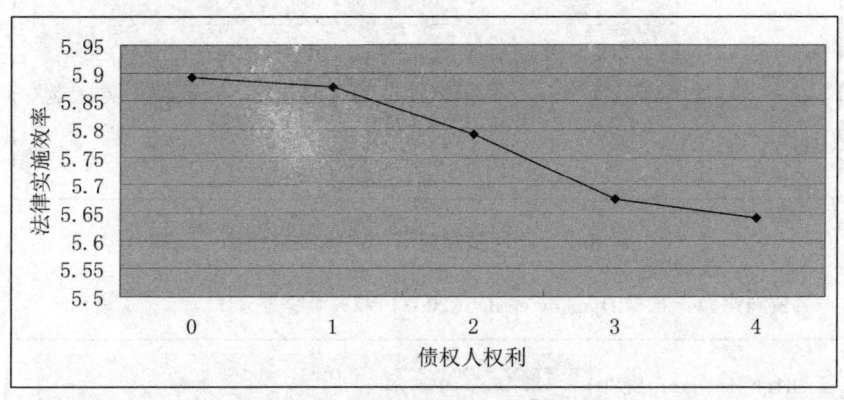

图8-2 不同债权人权利保护水平下的法律实施效率

资料来源：根据Djankov et al.（2007）相关数据整理。

从法律起源来看，斯堪的纳维亚法系的法律实施水平最高，通过法庭解决一笔价值2003年1月人均GDP50%的争议债务合同平均需要4.93天，法国大陆法系国家的法律实施效率最低，需要5.94天，德国大陆法系国家和普通法系国家分别需要5.75和5.66天（图8-3）。

从收入水平[①]情况来看，OECD高收入国家（High income：

---

① 根据世界银行（WB）收入水平分类标准，122个样本国家和地区分为五类：低收入国家（Low income）、中低收入国家（Lower middle income）、中高收入国家（Upper middle income）、非OECD高收入国家（High income：nonOECD）和OECD高收入国家（High income：OECD）。

OECD）的法律实施效率最高，通过法庭解决一笔价值2003年1月人均GDP的50%争议债务合同平均需要5.19天；中低收入国家的法律实施效率最低，需要近6天。低收入国家、中高收入国家和非OECD高收入国家分别为5.98、5.91和5.82天。可见，法律实施效率随着收入水平的提高而上升（图8-4）。

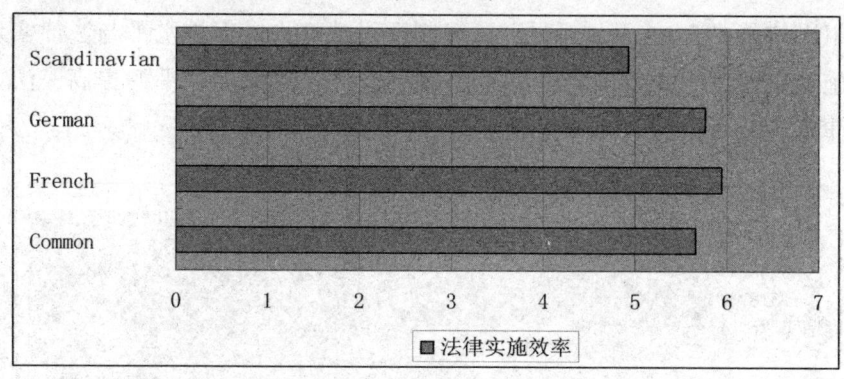

图8-3　不同法律起源的法律实施效率

资料来源：根据Djankov et al.（2007）相关数据整理。

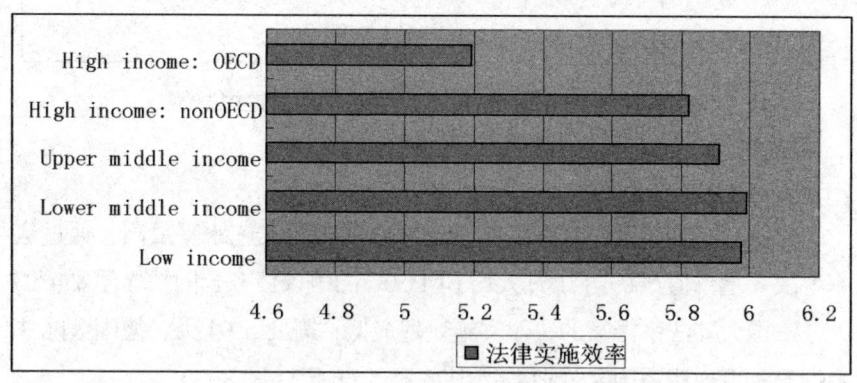

图8-4　不同收入水平国家的法律实施效率

资料来源：根据Djankov et al.（2007）相关数据整理。

基于以上论述我们得出以下结论：各国虽然都有保护债权人权利的相关法律条文，但是法律实施效率差异很大。随着法律条文对债权人权利保护水平的提高，法律实施效率上升；随着收入水平的提高，法律实施效率也在提高。不同的法律起源具有不同的法律实施效率，法国大陆法系国家不仅在法律条文上对债权人权利保护水平最低，在法律实施效率方面也是最低，斯堪的纳维亚法系国家最高，德国大陆法系国家和普通法系国家居于中间。

（二）来自国别横截面数据的分析

从上文的分析来看，各国的法律实施效率差异很大，本节将通过对111个国家和地区的法律实施效率和金融发展相关指标的计量分析，检验法律实施效率对金融发展的影响。

1. 变量选取及数据说明

我们以111个国家和地区为样本，分析法律实施效率对金融发展的影响。反映法律实施效率的变量来自于Djankov et al.（2007），结合"各国通过法庭解决一笔价值2003年1月人均GDP50%的争议债务合同所需的历日（calendar day）"，以及对全球律师事务所的问卷调查分析，建立了衡量各国法律实施效率指标，该指标数值越大说明法律实施效率越低，反之则越高。由于反映法律实施效率的问卷覆盖面广且需要全球律师事务所的问卷调查，目前截止到2010年2月国际各学术期刊发表的论文涉及法律实施效率的数据均截止到2003年1月。

反映金融发展的变量有金融机构私人信贷规模（pcf）、银行私人信贷规模（pcb）、银行资产规模（bag）、金融机构资产规模（fd）和银行存款规模（bd）。这五个指标分别从资产和负债两方面衡量金融机构规模，并在第三章中已经给出相关定义。

关于控制一个国家其他相关情况的控制变量，我们选取：

债权人权利（cr）：用于控制各个国家法律对投资者权利保护水平的不同对金融发展各指标的影响。

法律起源：当一个国家法律起源属于普通法系时，comm变量取

1，否则取 0；当一个国家法律起源属于法国大陆法系时，fren 变量取 1，否则取 0；当一个国家法律起源属于德国大陆法系时，germ 变量取 1，否则取 0；当一个国家法律起源属于斯堪的纳维亚法系时，scan 变量取 1，否则取 0。

通货膨胀率（infl）：各个国家不同时期的通货膨胀率各不相同，我们采用 1999—2003 年每个样本国家的平均通货膨胀率，控制因为通货膨胀对银行贷款及金融机构资产等因素的影响。

人均 GDP（gdppc）：按照 1990 年的不变美元（constant dollar）计算得出，在计量时我们取自然对数之后放入检验模型，用于控制一个国家整体经济运行和经济发展状况。

相关分国家数据分别来自《世界发展指标（2006）》，国际货币基金组织（IMF）的国际金融统计（International Financial Statistics，IFS）数据库。从样本国家和地区的情况来看，图 8-5 到 8-9 直观地反映了 111 个样本国家和地区法律实施与金融机构私人信

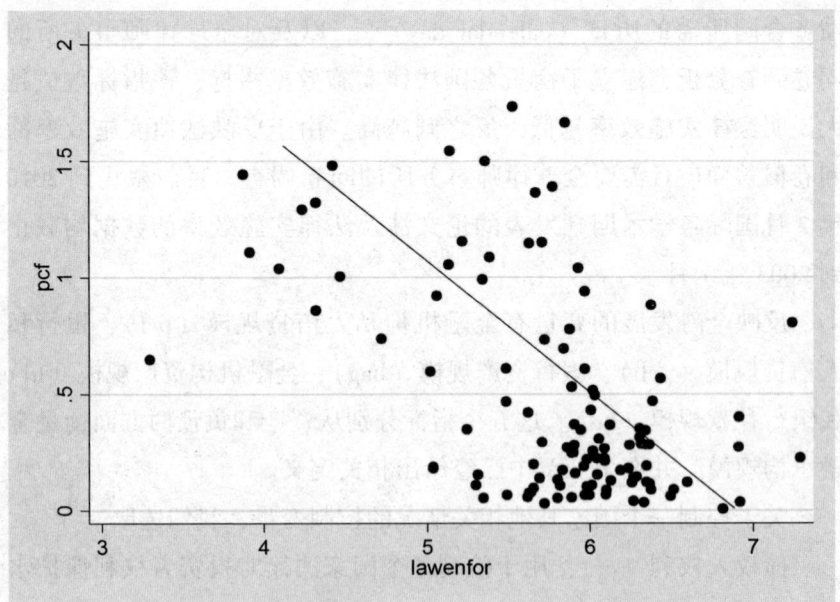

图 8-5 法律实施效率与金融机构私人信贷规模

八、信贷市场的法治效应：来自国别数据的实证

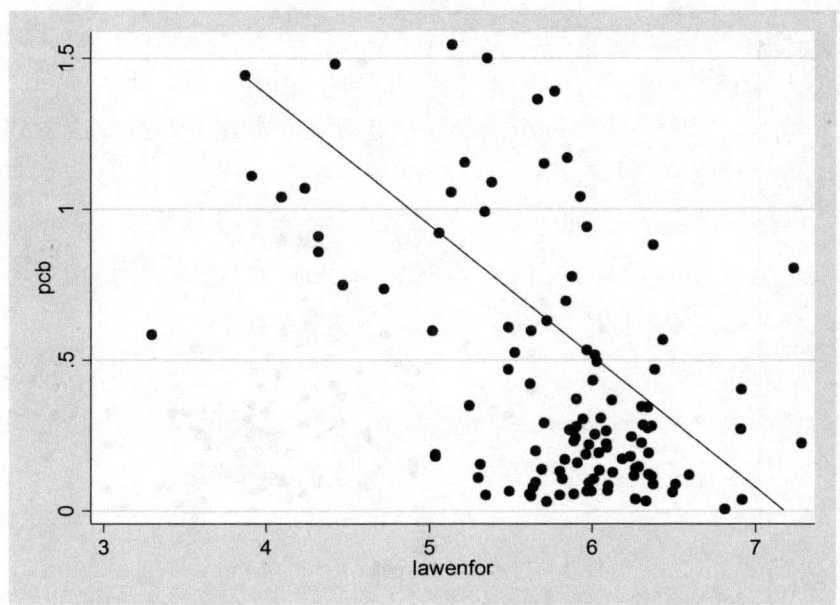

图 8-6 法律实施效率与银行私人信贷规模

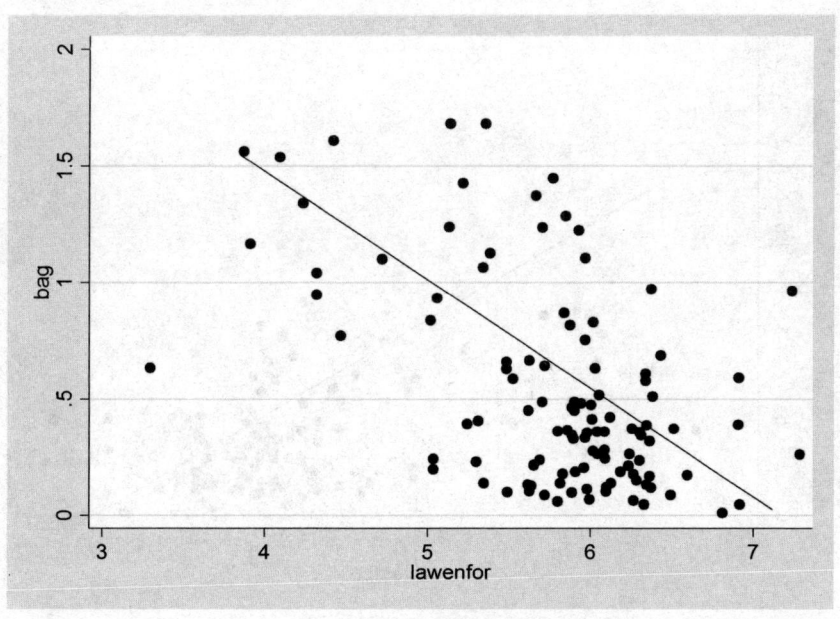

图 8-7 法律实施效率与银行资产规模

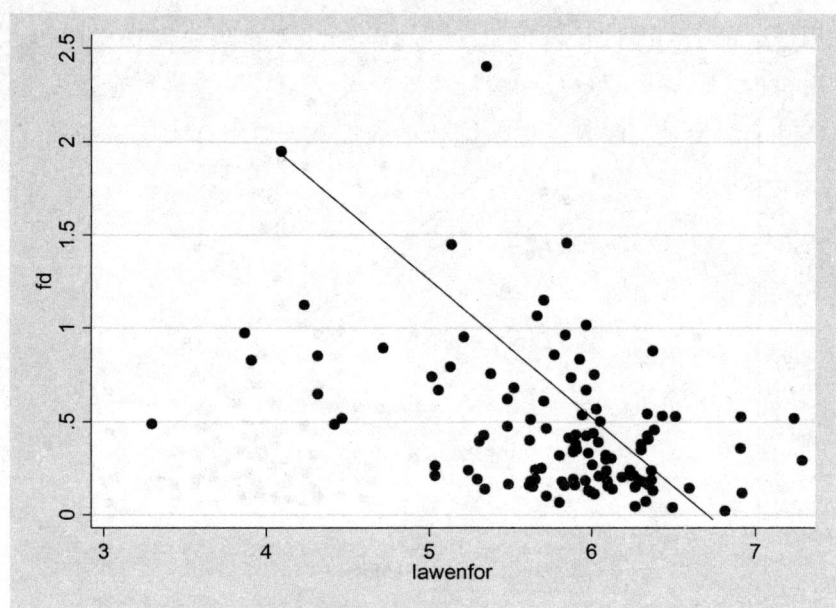

图 8-8 法律实施效率与金融机构资产规模

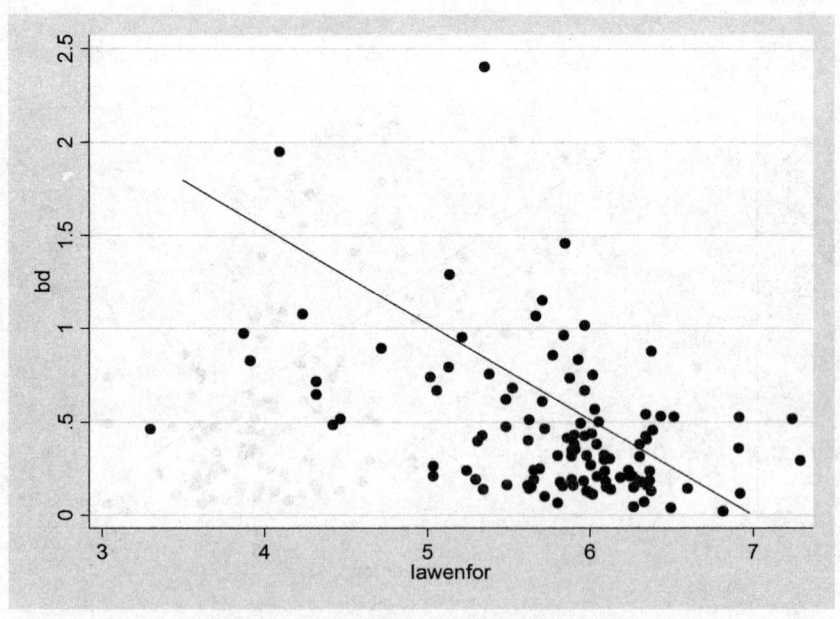

图 8-9 法律实施效率与银行存款规模

贷规模（pcf）、银行私人信贷规模（pcb）、银行资产规模（bag）、金融机构资产规模（fd）和银行存款规模（bd）五个表征金融发展指标之间的关系，随着法律实施效率的提高，各个样本国家和地区金融发展水平也上升。

2. 模型构建及检验结果

（1）模型构建

基于以上论述，我们设立模型为：

$$fin\_dev_i = \alpha + \beta lawenfor_i + \sum_j \gamma_j X_{ji} + \delta \ln gdppc_i + \varepsilon_i \tag{8.2.1}$$

在方程（8.2.1）中，下标 i 表示国家。ε_i 是服从独立同分布的随机扰动项。fin_dev 表示金融机构私人信贷规模（pcf）、银行私人信贷规模（pcb）、银行资产规模（bag）、金融机构资产规模（fd）和银行存款规模（bd）五个表征金融发展的指标，衡量各国的金融发展程度。X 是控制一个国家其他相关情况的控制变量，包括：cr, Infl, comm, fren, gern。

（2）检验结果

表 8-1 给出了分别以 pcf, pcb, bag, fd 和 bd 为被解释变量的回归结果，结果显示法律实施效率与金融发展各个指标均存在显著的正相关关系（根据本节 lawenfor 变量的定义，法律实施效率与金融发展各个指标均存在显著的正相关，即 lawenfor 变量与被解释变量呈负相关关系）：lawenfor 在 1% 的显著性水平上分别与 pcf, pcb, bag 呈负相关关系，在 5% 的显著性水平上分别与 fd 和 bd 呈负相关关系。

控制变量中，lngdppc 与五个被解释变量均在 1% 的显著性水平上正相关，这说明经济的发展水平与金融发展水平是正相关关系；cr 与五个被解释变量分别在 1%、5%、10% 的统计水平上显著，这充分表明债权人权利保护水平与表征金融发展的五个变量明显存在正相关关系，即债权人权利保护水平越高，金融发展水平越高。表征法律起源的虚拟变量（comm, fren, gern）在以 pcb 和 bag 为被解释变量的模型中不能通过检验，这说明相对 cr 和 lawenfor 变量来说，法律起源的解释力度相对较小，特别是随着普通法中制定法比例的提高，两大法系之间的界限逐渐模糊，法律起源的解释力度也逐渐减小。

表 8-1 回归结果（被解释变量=pcf，pcb，bag，fd，bd）

	pcf	pcb	bag	fd	bd
lawenfor	-0.112*** (0.042)	-0.112*** (0.039)	-0.121*** (0.040)	-0.087** (0.042)	-0.078* (0.042)
cr	0.018 (0.024)	0.038* (0.022)	0.047** (0.023)	0.043* (0.025)	0.044* (0.024)
lngdppc	0.437*** (0.042)	0.367*** (0.039)	0.407*** (0.041)	0.317*** (0.043)	0.318*** (0.042)
infl	-0.0001 (0.0007)	-0.0003 (0.0006)	-0.001 (0.001)	-0.0004 (0.0007)	-0.0004 (0.0007)
comm	0.172 (0.147)	0.049 (0.138)	0.136 (0.142)	0.529*** (0.150)	0.517*** (0.149)
fren	0.026 (0.144)	0.001 (0.135)	0.095 (0.139)	0.417*** (0.146)	0.408*** (0.145)
gern	-0.045 (0.151)	-0.063 (0.142)	0.052 (0.146)	0.449*** (0.154)	0.420*** (0.153)
constant	-0.434 (0.349)	-0.216 (0.326)	-0.295 (0.335)	-0.603* (0.355)	-0.651* (0.001)
Observations	111	111	111	111	111
R-squared	0.6869	0.6633	0.6947	0.5605	0.5574
F value	32.28	28.99	33.49	18.77	18.53

注：***、**、*分别表示在1%、5%、10%的统计水平上显著；括号中的数字为标准差。

（三）本章小结

本章结合国别数据研究了各样本国家的法律实施效率及其对金融发展的影响。从法律实施效率的情况看，各样本国家的法律实施效率差异非常大：债权人保护水平高的国家，法律实施效率也在提高；工业化水平越高、收入越高的国家，其法律实施效率也越高。从样本数据的实证结果看，法律实施效率与金融发展存在显著的正相关关系；随着制定法在普通法中的比例上升，法律起源对金融发展的解释力度在逐渐减弱。

九、信贷市场的法治效应：来自中国的实证

（一）来自省级面板数据的实证

中国各省级单位虽然都适用相同的法律制度，但是它们的法律实施水平和效率不尽相同。本节以中国大陆 30 个省、直辖市和自治区为样本，立足于整体宏观经济，实证检验结果发现，法律实施是影响中国金融发展和银行贷款长期化的重要因素，即在法律实施水平比较高的地区，金融发展水平较高、中长期贷款比重较大；而在法律实施水平较低的地区，金融发展水平较低、中长期贷款比重较小。这些结论为"法与金融"领域的研究提供了来自中国的证据。

1. 理论分析与研究假设

研究证明法律是信贷市场发展的重要决定因素（Levine，1998，1999；Djakov et al.，2007），法律对信贷市场发展的作用体现在能够保障合同的有效执行，降低贷款风险，提高信贷机构的贷款意愿。完全信息的情况下银行可以通过扩大贷款息差的方式对风险进行"定价"，然而信息不对称的情形下银行采取扩大息差的方式会遭受借款人道德风险的侵害。所以，现实中随着贷款风险的提高，银行通过控制贷款规模并实行信贷配给来控制风险（Stiglitz and Weiss，1981），而不是扩大贷款息差。以上研究说明，随着法律实施水平的

九、信贷市场的法治效应：来自中国的实证

降低，银行会缩减信贷额度，反之则增加信贷额度。

从中国各省的情况来看，图 9-1 和表 9-1 直观地反映了中国各省法律实施与金融发展①之间的关系，随着法律实施水平的提高，各省金融发展水平也上升。

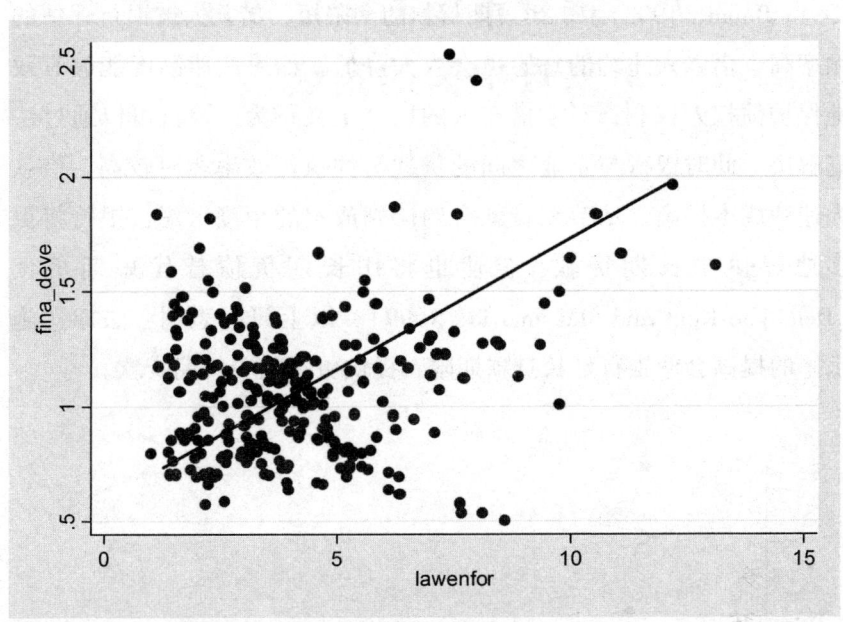

图 9-1　中国各省、自治区、直辖市法律实施与金融发展（1997—2005）

基于以上分析，我们提出假说一。

假说一：加强法律实施促进金融发展。

银行不仅通过控制贷款规模来规避借款人风险，还通过贷款期限控制风险。在法律实施水平低的国家，借款人违约的机会主义行为通过诉讼解决比较困难，此时依靠法律保护贷款合同执行，会使贷款人处于劣势。因此，银行通过更多地提供短期贷款来降低风险，

---

① 我们用银行年末总贷款余额除以当年 GDP 衡量金融发展，数值越大表示金融发展水平越高。

控制法律对债权人权利保护不足所带来的风险（Diamond, 2004; Qian and Stranhan, 2007; Bae and Goyal, 2009）。这是因为短期贷款允许贷款人经常重新评估贷款计划，监督借款人的行为，限制借款人道德风险以及策略性违约等机会主义行为的侵害（Diamond, 1991; Rajan, 1998）。由于短期贷款的期限短，借款人被银行评估的频率高，借款人违约的意愿也会大大降低。如果法律制度能够有效地保护债权人权利，对于借款人的机会主义行为，银行可以通过法庭解决。此时银行与企业之间的贷款契约执行效率相对较高，借款人违约成本提高。从节约贷款合约谈判成本的角度考虑，银行将更多地提供中长期贷款，企业也将用长期负债替代短期负债（Demirguc-Kunt and Maksimovic, 1999）。以上研究表明，法律实施水平的提高会使银行延长贷款期限，提供更多的中长期贷款。

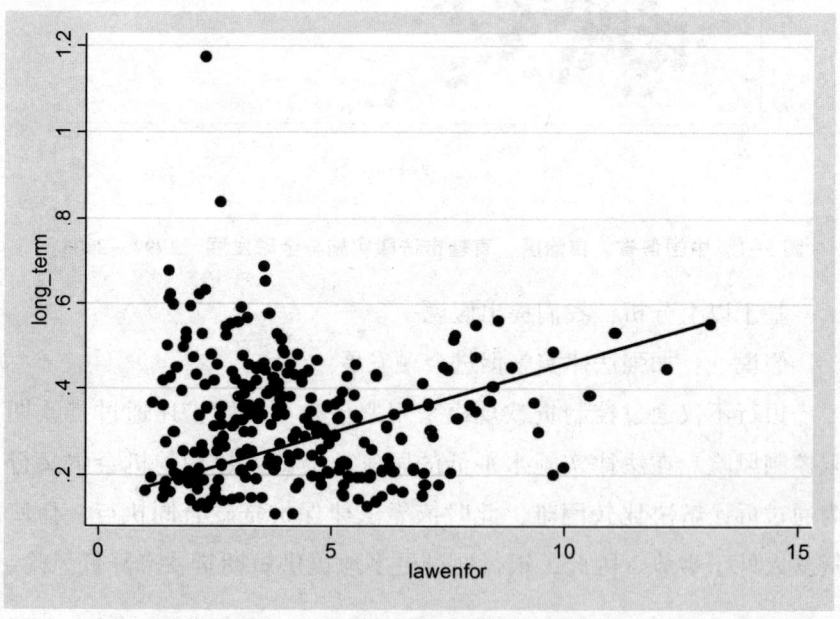

图9-2 中国各省、自治区、直辖市法律实施与中长期贷款比重（1997—2005）

基于以上分析，我们提出假说二。

假说二：加强法律实施促进银行贷款长期化。

表 9-1　中国各省、自治区、直辖市法律实施水平、金融发展与中长期贷款比重主要年份统计性描述

省份	法律实施水平		金融发展		银行中长期贷款比重	
	1997	2005	1997	2005	1997	2005
北京	9.74	8.55	1.50	2.23	0.20	0.56
天津	4.22	8.10	1.18	1.28	0.17	0.48
河北	0.98	3.95	0.79	0.64	0.16	0.39
山西	3.14	3.72	1.03	1.04	0.19	0.40
内蒙古	2.47	3.90	1.06	0.70	0.31	0.52
辽宁	3.29	5.94	1.01	1.03	0.15	0.43
吉林	2.32	3.82	1.50	0.94	0.12	0.41
黑龙江	2.68	4.56	0.93	0.68	0.14	0.38
上海	5.94	13.07	1.23	1.62	0.14	0.56
江苏	2.23	7.07	0.66	0.89	0.13	0.37
浙江	2.14	9.33	0.71	1.27	0.13	0.37
安徽	1.41	3.65	0.71	0.82	0.17	0.40
福建	2.17	5.52	0.58	0.80	0.17	0.46
江西	1.43	3.37	0.86	0.76	0.18	0.45
山东	1.98	5.51	0.70	0.75	0.14	0.34
河南	1.38	3.44	0.81	0.71	0.15	0.36
湖北	1.99	3.99	0.86	0.90	0.20	0.47
湖南	1.52	3.55	0.70	0.71	0.16	0.46
广东	3.79	9.73	1.12	1.01	0.11	0.49
广西	1.95	3.06	0.78	0.77	0.21	0.59
海南	1.10	3.54	1.84	1.11	0.20	0.69
重庆	1.79	4.27	0.86	1.16	0.22	0.49
四川	1.81	4.27	0.89	0.93	0.26	0.48
贵州	1.61	2.30	1.07	1.17	0.30	0.63

(续表)

省份	法律实施水平		金融发展		银行中长期贷款比重	
	1997	2005	1997	2005	1997	2005
云南	1.93	2.97	0.91	1.16	0.18	0.56
陕西	3.26	3.09	1.25	1.09	0.22	0.48
甘肃	2.15	2.53	1.28	1.01	0.21	0.46
青海	1.42	1.49	1.59	1.18	0.27	0.68
宁夏	2.72	2.74	1.29	1.38	0.27	0.55
新疆	2.64	4.21	1.16	0.90	0.22	0.43

资料来源：根据《新中国五十五年统计资料汇编》、《中国统计年鉴》、《中国金融年鉴》、《中国区域经济统计年鉴》及《中国市场化指数——各地市场化相对进程报告》的历年数据整理得出。

从中国各省、自治区、直辖市的情况来看，图9-2和表9-1直观地反映了中国各省、自治区、直辖市法律实施与中长期贷款的关系。随着法律实施水平的提高，中国各省中长期贷款比重逐渐上升，法律实施与中长期贷款比重具有明显的正相关关系。

2. 变量描述及数据说明

本节以中国大陆30个省、直辖市和自治区为样本，建立省际面板数据进行回归分析[①]。关于金融发展的指标有两个：金融发展（fina_deve）和银行业竞争（bank_comp）。金融发展（fina_deve）指标用银行年末总贷款余额除以当年GDP表示，衡量各地区的金融发展水平，数值越大，说明该地区金融发展水平越高。银行业竞争（bank_comp）用除四大国有商业银行以外的其他商业银行的贷款份额来表示，衡量银行业的竞争程度，数值越大，说明银行业竞争程度越高。

---

① 由于缺乏西藏自治区系统的统计数据而没有包含西藏。

九、信贷市场的法治效应:来自中国的实证

银行中长期贷款比重(long_term)指标表征银行贷款期限的长期化特征,用银行年末中长期贷款余额除以年末总贷款余额表示,数值越大,说明该地区银行贷款期限结构的长期化特征越显著。

衡量各地区法律实施水平(lawenfor)的数据来自于樊纲等(2000,2001,2004,2007)编制的中国各地区市场化指数,该指数包括五个方面[①],我们将第五方面——市场中介组织发育和法律制度环境——作为衡量中国各地区法律实施水平的指标,该指标包括市场中介组织(包括律师和会计师事务所)的发育、对生产者合法权益的保护、对知识产权的保护和对消费者权益的保护等,这一指标能够比较全面地衡量一个地区的法律实施水平。

关于表征一个省其他经济情况的控制变量,我们选取:

财政支出比重(fiscal):用当年财政支出除以 GDP 表示,表征并控制当年政府干预的规模与程度。财政政策是影响企业和银行行为的重要参数,政府干预的规模和程度会对银行贷款产生重要的影响。

国有企业比重(soe):用当年国有企业工业总产值除以工业总产值表示,表征经济结构对银行贷款产生的影响。地方政府能够通过干预国有商业银行的信贷决策,为当地国有企业提供银行贷款(巴曙松等,2005),尤其是中长期贷款(余明桂和潘红波,2008),因此各地区国有企业比重会对银行贷款产生重要影响。

外商直接投资(fdi):用当年外商直接投资除以 GDP 表示。

对外贸易(trade):用当年的进出口总额除以 GDP 表示,代表各地区对外贸易的活跃程度。

外商直接投资和对外贸易表征各省级单位的经济开放程度。

[①] 分别是政府与市场的关系、非国有经济的发展、产品市场的发育程度、要素市场的发育程度、市场中介组织发育和法律制度环境。

投资率（invr）：用当年资本形成总额除以 GDP 表示，表征并控制各省的投资对银行贷款的影响。

人均 GDP（gdppc）：用于控制一个省的整体经济运行状况。

中国银行体系的商业化改革从 1994 年开始，1995 年通过并实施了《商业银行法》，四大国有专业银行开始向国有商业银行转变。但是国有银行真正的改革始于 1997 年。1997 年亚洲金融危机爆发后，中共中央、国务院召开第一次全国金融工作会议，并相继出台一系列国有独资商业银行的改革措施，实质性地推进了国有专业银行向商业银行改革的进程。国有银行的商业化改革使银行与企业之间贷款合约的签订趋向基于经济效率最大化的原则，与传统计划经济相比，银行的信贷行为开始摆脱政府指令性干预，更多的基于自由信贷契约的原则。

本章以中国大陆 30 个省、直辖市和自治区在 1997—2005 年的银行贷款、金融发展及其他经济发展状况为分析对象，其中由于缺乏西藏自治区系统的统计数据而没有包含西藏。

在计量估计时我们对所有的变量均取自然对数，虚拟变量除外。

相关分省数据分别来自于《新中国五十五年统计资料汇编》，1998—2006 年《中国统计年鉴》、《中国金融年鉴》及《中国区域经济统计年鉴》。

3. 模型构建和估计方法

对于假说一，我们设立模型为：

$$fina\_deve_{it} = \alpha + \beta lawenfor_{it} + \sum_j \gamma_j X_{jit} + \delta \ln gdppc_{it} + \lambda_i + u_t + \varepsilon_{it} \quad (9.1.1)$$

在这个方程中，下标 i 表示省份，t 表示时间，λ_i 表示不可观测的省际效应。u_t 表示不可观测的年度效应，不随省份不同而变化。ε_{it} 是服从独立同分布的随机扰动项。fina_deve 表示金融发展，衡量各地区的金融发展程度。X 是表征一个省经济情况的控制变量，包括财政支出比重、外商直接投资、对外贸易、国有企业比重和投资率。

对于假说二的验证，我们设立模型为：

$$long\_term_{it} = \alpha + \beta lawenfor_{it} + bank\_comp_{it} + \sum_j \gamma_j X_{jit} + \lambda_i + u_t + \varepsilon_{it} \quad (9.1.2)$$

其中，long_term 表示中长期贷款占银行年末贷款总额的比重，衡量银行贷款期限的长期化。bank_comp 表征银行业竞争。

对于方程（9.1.1）和（9.1.2），如果不可观测效应不随时间变化，是固定的估计参数，那么方程就是"双向固定效应误差因子模型"；如果不可观测效应是随机的，并与所有的解释变量都不相关，那么该方程就是"双向随机效应误差因子模型"。本节分别对方程（9.1.1）、（9.1.2）进行了 hausman 检验，在这里零假设为 λ_i 和 u_t 都是随机的：当零假设成立时，用 OLS 估计的固定效应模型和用 GLS 估计的随机效应模型的参数估计是一致的，只是固定效应模型的估计不具有有效性；零假设不成立时，只有固定效应模型是一致的，拒绝零假设，选择固定效应模型。对方程（9.1.1）、（9.1.2）进行 hausman 检验的结果分别为：chi2 = 102.27，Prob > chi2 = 0.0000；chi2 = 97.01，Prob > chi2 = 0.0000。因此，检验结果显示方程（9.1.1）、（9.1.2）都是固定效应模型更为合适。

解释变量的内生性会使估计结果有偏，影响模型结果的稳健性，因此解释变量的内生性可能是一个严重的问题。考虑到稳健性检验的需要，本章同时采用工具变量法（IV）进行估计。引入的工具变量最好是与法律实施（lawenfor）高度相关而与被解释变量尽量不相关的外生解释变量，我们选取的工具变量是法律实施变量的滞后一期变量。

为了修正可能出现的异方差和序列相关问题，我们在去除个体效果之后，还采用了 FGLS（Feasible Generalized Least Square）回归。作为对比，我们同时也给出了随机效应模型和采用 OLS 对混合数据（Pooled OLS）估计的结果。

4. 计量结果及分析

表 9-2 和表 9-3 分别给出用固定效应模型、随机效应模型和混合数据模型对方程(5.5.1)、(5.5.2)的估计结果。由于 Hausman 检验结果显示三个方程均为固定效应模型更合适，我们将着重论述固定效应模型的估计结果。作为对比我们同时给出了固定效应模型、随机效应模型和混合数据模型的估计结果。考虑到解决异方差和内生性问题，我们改进计量方法，使用 FGLS 和工具变量法估计，表 9-4 将给出分别以金融发展和银行中长期代款比重为被解释变量的 FGLS 和工具变量法估计的结果。

（1）基本估计结果

表 9-2 给出方程（9.1.1）的估计结果，以金融发展（fina_deve）为被解释变量。固定效应模型中法律实施在 1% 的水平上与金融发展显著正相关，这表明法律实施对金融发展具有重要影响，法律实施水平较高的地区金融发展水平较高；法律实施水平较低的地区金融发展水平较低。这个结论与我们的假说一相符。

这个结论表面上与以往文献的结论不同，一种可能的解释是以往文献的数据时间跨度正处于银行开始从政府配置资源的工具向现代商业银行的转变时期，尤其是 1994 年之前，还未颁布《商业银行法》，国有银行还不能称为"真正的银行"。这也从另外一个角度证明了法律实施对金融发展的促进作用。

在固定效应模型估计的控制变量中，有三个显著，即人均 GDP（lngdppc）、财政支出比重（fiscal）和对外贸易比重（trade）。这表明人均 GDP、财政支出比重和对外贸易都促进金融发展。

表 9-3 给出了对方程（9.1.2）的估计结果，以中长期贷款比重（long_term）作为被解释变量。从估计结果看，三个模型的回归结果一致，法律实施在 1% 的水平上与中长期贷款比重显著正相关，这表明地区的法律实施水平对中长期贷款比重有重要影响，在法律实施水

表 9-2 假说一的检验结果（被解释变量=fina_deve）

	FE	RE	POOLED
lawenfor	0.098*** (0.035)	0.086** (0.034)	0.082* (0.403)
lngdppc	-0.488*** (0.062)	-0.402*** (0.050)	-0.209*** (0.043)
fiscal	0.436*** (0.095)	0.394*** (0.071)	0.374*** (0.062)
fdi	0.006 (0.020)	0.014 (0.018)	0.031* (0.018)
trade	0.280*** (0.058)	0.220*** (0.038)	0.122*** (0.029)
soe	-0.068 (0.053)	-0.030 (0.049)	0.047 (0.046)
invr	0.135 (0.119)	0.112 (0.102)	0.165** (0.084)
Constant	5.831*** (0.708)	4.914*** (0.551)	3.119*** (0.438)
Observations	270	270	270
R-squared	0.3108	0.3359	0.3932
F value	32.66	41.63	24.26

注：***、**、*分别表示在1%、5%、10%的统计水平上显著；括号中的数字为标准差。

平比较高的地区，中长期贷款比重较大；而在法律实施水平较低的地区，中长期贷款比重较小。这个结论与我们的假说二相符。

固定效应模型估计的控制变量中除了国有企业比重（soe）外，都能通过检验。其中财政支出比重（fiscal）和投资率（invr）对中长期贷款比重有很强的正效应。近年来财政支出大多投资于基础设施

表9-3 假说二的检验结果（被解释变量＝中长期贷款比重）

	FE	RE	POOLED
lawenfor	0.172*** (0.051)	0.248*** (0.054)	0.228*** (0.058)
bank_comp	0.512*** (0.094)	0.626*** (0.091)	0.497*** (0.092)
fiscal	1.061*** (0.131)	1.114*** (0.104)	1.013*** (0.096)
fdi	-0.126*** (0.031)	-0.053* (0.029)	0.022 (0.027)
trade	0.290*** (0.083)	-0.041 (0.044)	-0.141*** (0.038)
soe	-0.085 (0.078)	-0.252*** (0.074)	-0.288*** (0.067)
invr	0.368** (0.164)	0.167 (0.143)	0.204* (0.121)
Constant	1.462 (0.270)	0.973 (0.268)	0.816* (0.269)
Observations	270	270	270
R-squared	0.2920	0.4437	0.4867
F value	74.78	86.18	35.49

注：***、**、*分别表示在1%、5%、10%的统计水平上显著；括号中的数字为标准差。

建设，具有周期长、资金量大的特征，财政支出通常与银行信贷互为补充，这势必增加中长期贷款。投资率（invr）的系数为正，这说明投资率的提高不仅增加对贷款总额的需求，长期投资的增加提高了中长期贷款的比重。

对外贸易（trade）和外商直接投资（fdi）的符号是相反的。对

九、信贷市场的法治效应：来自中国的实证

外贸易（trade）的系数为正，说明对外贸易对中长期贷款比重的影响是正向的；相反，外商直接投资（fdi）的系数为负，说明外商直接投资对中长期贷款比重的影响是负向的。对外贸易的增加通过拉动关于生产的投资，增加中长期贷款；而外商直接投资多集中于第二产业（李詹、叶松，2006），投资周期相对较长，这对银行中长期贷款有一定的替代。

固定效应模型中国有企业比重（soe）的估计结果不显著，但是在 OLS 回归和随机效应模型中很显著，这表明国有企业比重（soe）与不可观测的省际效应或者年度效应有很强的相关关系。

（2）稳健性

为了解决异方差和内生性问题，我们改进上述计量方法，采用可行广义最小二乘（FGLS）法和工具变量（IV）法进行估计。我们选取的工具变量是法律实施（lawenfor）变量的滞后一期变量。表9-4 分别给出了以 fina_deve 和 long_term 为被解释变量的可行广义最小二乘（FGLS）法和工具变量（IV）法估计的结果，估计结果与固定效应模型的估计结果基本一致：

表9-4 FGLS 和 IV 估计结果

被解释变量	fina_deve		long_term	
	FGLS	IV	FGLS	IV
lawenfor	0.065** (0.028)	0.104*** (0.040)	0.236*** (0.038)	0.416** (0.166)
bank_comp	NA	NA	0.573*** (0.058)	0.509*** (0.107)
lngdppc	-0.202*** (0.029)	-0.540*** (0.069)	NA	NA
fiscal	0.350*** (0.040)	0.472*** (0.109)	1.126*** (0.061)	1.170*** (0.178)

(续表)

被解释变量	fina_deve		long_term	
	FGLS	IV	FGLS	IV
fdi	0.022* (0.012)	0.013 (0.022)	-0.013 (0.018)	-0.089** (0.036)
trade	0.121*** (0.018)	0.290*** (0.067)	-0.037 (0.030)	0.209 (0.129)
soe	0.017 (0.032)	-0.142** (0.060)	-0.283*** (0.043)	-0.317** (0.133)
invr	0.176*** (0.053)	0.166 (0.135)	0.202* (0.096)	0.318* (0.191)
Constant	2.990*** (0.271)	6.396*** (0.795)	1.272* (0.177)	1.164*** (0.415)
Observations	270	270	270	270
R-squared	—	0.2683	—	0.2104
F value	41.75	75.30	54.32	75.11

注：1. ***、**、*分别表示在1%、5%、10%的统计水平上显著，括号中的数字为标准差。2. NA 表示回归方程中不含该变量。

以 fina_deve 为被解释变量的估计中，lawenfor 分别以5%和1%的水平上与 fina_deve 显著正相关；以 long_term 为被解释变量的估计中，lawenfor 分别在1%和5%的水平上与 long_term 显著正相关。可见，这几种方法回归的结果中，本章的假说一、二都能得到较好的经验支持。

（二）来自环渤海区域的实证

1. 环渤海区域的金融发展与经济增长

金融服务作为现代服务业的重要组成部分，对经济发展有着举

九、信贷市场的法治效应：来自中国的实证

足轻重的作用。最近十几年各国都十分重视金融工具创新、金融体系发展和宏观金融管理，以促进经济成长，增进社会福利。著名经济学家熊彼特（Schumpeter）1911年指出一国金融部门的发展对该国人均收入水平和增长率具有积极效应，并认为一个运行良好的金融系统对经济的长期增长有积极作用。经济增长对社会发展、人民生活水平的提高作用举足轻重，因此对金融发展与经济增长之间关系的探讨逐步成为发展经济学的研究主题之一。

近年来区域金融发展与经济增长的关系问题受到国内外学者的关注。张军洲（1995）基于理论分析和比较分析得出，区域的金融结构差异、差异互补和相互关联构成一国的区域金融体系，从而界定了区域金融研究范畴。巴罗（Barro，1999）通过使用解释变量对经济增长收敛作了一个比较完整的总结，这些解释变量包括：初始水平的人均GDP、人力资本、人口增长率、储蓄水平、预期寿命、政府消费占GDP的比例、贸易条件、投资率、通货膨胀率、区域虚拟变量、对产权的保护程度、政府的稳定和民主化等。林毅夫（2001）认为金融问题是中国经济长期发展的一个重要问题，金融体系是市场经济体系的核心制度安排，有效的金融体系能够实现资金的最有效配置。韩廷春（2001）通过对全国数据的多元回归模型，分析了区域金融发展对经济增长的促进作用，但没有对金融发展与经济增长之间的因果关系作出分析。周立和王子明（2002）利用一元回归模型对中国各地区的金融发展与经济增长之间的关系进行了实证研究，得出了区域金融发展与区域经济增长存在高度相关性的结论，但模型本身比较简单，结论的稳健性有待进一步考查。周好文、钟永红（2004）利用我国1988—2002年的时间序列数据，运用多变量向量自回归（VAR）方法对地区间金融中介发展与经济增长的相关关系及因果关系问题进行分析。其研究表明：金融中介的规模指标和效率指标与经济增长在各地区间的因果关系不一致，这与

地区间经济发展水平的差异有直接关系，中西部地区的金融中介机构为更好地促进本地区经济增长应该扩大对非国有企业的贷款。马瑞永（2006）采用固定效应模型对我国1980—2000年期间金融发展与经济增长关系的实证分析表明：金融发展对经济增长的促进作用，中部地区最大，其次是东部地区，西部地区最小；而在东、中部地区金融对经济增长的促进效应均出现了下降的趋势，西部地区则出现了上升的趋势。他认为，出现上述结果主要是由于体制转型、金融部门规模不经济以及"门槛效应"约束等原因造成的。

作为成长中的中国经济增长的第三极，环渤海区域①的经济发展成为人们密切关注的问题。现代经济学理论认为，一个高效的金融部门不仅为社会经济提供支付清算系统、便利交易，更重要的是，金融系统通过配置资源、传递信息、管理风险、监督公司等功能的发挥，推进经济发展。而一个糟糕的金融体系则可能将资本分配到效率低下的经济部门，从而阻碍经济发展。本节根据各地区数据的可获得性，选取1990—2007年环渤海区域五省市的金融发展与经济增长相关指标，基于Panel Data模型分析环渤海区域金融发展对经济增长的影响。本节的数据来源于《新中国五十年统计资料汇编》（中国国家统计局国民经济综合统计司编，中国统计出版社1999年版），相关各期的《中国金融年鉴》和《中国统计年鉴》，以及环渤海区域五省市历年统计年鉴。

2. 环渤海区域 GDP 增长状况

2007年，环渤海区域以占全国5.43%的国土面积、17.51%的人口，创造了全国26.16%的国内生产总值；区域生产总值由1978年

---

① 环渤海区域广义上包括北京、天津、河北、辽宁、山东、山西和内蒙古中部共五省（区）两市组成的行政区域，狭义上包括北京、天津、河北、辽宁和山东共三省两市组成的行政区域。除非另有说明，本文所称的环渤海区域（简称为环渤海）均指其狭义概念。

的 829.24 亿元上升到 2007 年的 54775.48 亿元,年均增长率为 16.15%。① 从 GDP 总量看,2007 年北京、天津、河北、山东、辽宁在全国分别位列第 10、21、6、2、12 位;从 GDP 的年均增长率看,1978—2007 年,北京、天津、河北、山东、辽宁在全国分别位列第 9、18、12、4、25 位(见表 9-5)。山东省在 GDP 总量以及年均增长率上都表现突出,天津和辽宁的 GDP 总量、年均增长率在全国的排名都较低,五省市呈现出非均衡的经济增长态势。

表 9-5 环渤海 5 省市 2007 年的 GDP 以及 1978—2007 年的 GDP 年均增长率排名(单位:亿元)

地区	2007 年	年均增长率(%)	增长率排名
北京	7870.28	16.52	9
天津	4359.15	15.21	18
河北	11660.43	15.99	12
辽宁	9251.15	14.12	25
山东	22077.36	17.79	4

资料来源:国家统计局:《中国统计年鉴 2008》,北京:中国统计出版社 2008 年版。

从人均 GDP 看,五省市增长速度的差异也是显著的。按常住人口计算,环渤海区域 2007 年人均 GDP 达到 23743 元。② 北京、天津、河北、山东、辽宁人均 GDP 在全国分别位列第 2、3、7、11、9 位,从人均 GDP 的年均增长率看,1978—2007 年,北京、天津、河北、山东、辽宁在全国分别位列第 18、22、9、4、24 位。人均 GDP 最低的是河北省,且其增长趋势比较缓慢(见表 9-6)。

---

① 资料来源:国家统计局:《中国统计年鉴 2008》,北京:中国统计出版社 2008 年版。
② 国家统计局:《中国统计年鉴 2008》,北京:中国统计出版社 2008 年版。

表9-6 2007年环渤海5省市的人均GDP及1978—2007年的
人均GDP增长率（单位：元）

省市	2007年	1980—2007年均增长率(%)
北京	50467	13.99
天津	41163	13.6
河北	16962	14.71
辽宁	21788	13.18
山东	23794	16.69

资料来源：国家统计局：《中国统计年鉴2008》，北京：中国统计出版社2008年版。

3. 区域金融对经济增长影响的实证分析

一般情况下的线性数据模型可表示为：

$$y_{it} = \alpha_i + \beta'_i x_{it} + u_{it} \quad (9.2.1)$$

其中 $i=1, 2, L, n$；$t=1, 2, L, T$；X_{it} 为 $1 \times k$ 向量，β 为 $k \times 1$ 向量，k 为解释变量的数目。误差项 U_{it} 的均值为0，方差为 σ^2。

金融发展过程是金融功能深化的过程。在这个过程中，金融通过发挥资源配置、动员储蓄、便利交易等功能促进资本积累和技术创新，从而影响经济增长。根据帕加诺（Pagano，1993）的观点，$G_t = C_t \times (I_t/Y_t) - B$，这里 G_t 表示经济增长，C_t 表示边际生产率，I_t 表示总投资，Y_t 表示GDP，B 表示资本折旧。为了便于分析每个变量对经济增长的影响，本节将上式作一些变换。由于一国的储蓄不可能完全转化成投资，而是以一定比率进行转换，用 $v_t = I_t/S_t$ 表示储蓄投资转化率，用 $s_t = S_t/Y_t = S_t/GDP$ 表示储蓄率，并将方程两边取对数整理后如下：

$$Y = \alpha_i + \beta X_1 + \gamma X_2 + \delta X_3 + u_i \quad (9.2.2)$$

其中 α_i 为常数项，β、γ、δ 分别为 X_1、X_2、X_3 的系数，$X_1 = LN$

$(100 \times I_t/S_t)$, $X_2 = LN(100 \times S_t/Y_t)$, $X_3 = LN(C_t \times 100)$, $Y = LN(Y_t)$

面板数据具有两维性特征,模型设定的正误决定了参数估计的有效性,因此首先应对模型的设定形式进行检验,即检验模型参数在所有样本横截面和时间上是否具有相同的常数。截距和斜率参数一般可以有如下两种假设:

H_{01}:回归斜率系数相同但截距不同,即有 $\beta_1 = \beta_2 = L = \beta_n$,模型为:

$$Y = \alpha_i + \beta X_1 + \gamma X_2 + \delta X_3 + u_i \qquad (9.2.3)$$

H_{02}:回归斜率系数和截距都相同,即有 $\alpha_1 = \alpha_2 = L = \alpha_n$,$\beta_1 = \beta_2 = L = \beta_n$,模型为:

$$Y = \alpha + \beta X_1 + \gamma X_2 + \delta X_3 + u_i \qquad (9.2.4)$$

这里没有斜率系数非齐性而截距齐性的假设,因为当斜率不同时,单独考虑截距相同没有实际意义。判断样本数据究竟符合哪种模型形式(即为(9.2.2)、(9.2.3)、(9.2.4)三式中哪一种),可以利用协方差分析构造 F 统计量,即为(9.2.5)式和(9.2.6)式:

$$F_2 = \frac{(S_4 - S_2)/(n-1)(k+1)}{S_2/[nT - n(k+1)]} :$$
$$F[(n-1)(k+1), n(T-k-1)] \qquad (9.2.5)$$

$$F_1 = \frac{(S_3 - S_2)/(n-1)(k+1)}{S_2/[nT - n(k+1)]} :$$
$$F[(n-1)k, n(T-k-1)] \qquad (9.2.6)$$

其中 S_2、S_3、S_4 分别为模型(9.2.2)、模型(9.2.3)和模型(9.2.4)的残差平方和。K 为模型中解释变量的个数,N 为在横截面上选取的个体数,T 为时间序列的期数。在零假设 H_{01} 和 H_{02} 下,统计量 F_1 和 F_2 服从待定自由度的 F 分布。如果 F_2 大(等)于某置信度(如95%)下的同分布临界值,则拒绝 H_{02},应继续检验,找出非齐性的来源；反之，利用模型（9.2.4）拟合样本。在已确定参数存在非齐性的基础上，如果 F_1 大（等）于某置信度（如95%）下的同分布临界值，则拒绝 H_{01}，应该用模型（9.2.2）拟合样本；反之，用模型（9.2.3）拟合。

根据模型中待估参数的不同特性，模型（9.2.2）和模型（9.2.3）又都有固定效应模型和随机效应模型之分。如果模型中的系数 α_i 为确定性变量，即模型中省略因素对个体差异的影响是固定不变的，则模型为固定效应模型。如果 α_i 为随机变量，即模型中省略变量对不同个体的影响是随机的，则模型为随机效应模型。一般来说，如果仅对样本本身的个体差异情况进行分析，则可以使用固定效应模型；如果是用样本推断总体的个体差异情况，则应该采用随机效应模型。

本节选取环渤海区域1990—2007年的相应数据，以1990年为基期的可比价格换算后，运用Eviews5.0版本，对模型（9.2.2）至（9.2.4）对样本进行回归估计可以得到如下结果：

$S_2 = 0.20889$ $S_3 = 0.416445$ $S_4 = 14.23926$

把 $n=31$，$T=16$，$k=1$ 代入，由（9.2.5）式和（9.2.6）式算出 $F_1 = 0.32089$，$F_2 = 103.9693$。查F分布表，给定5%的显著水平，得到临界值 $F_{0.05}(30,93) \approx 1.60$，$F_{0.05}(60,93) \approx 1.48$。由于 $F_2 > 1.48$，$F_1 < 1.60$，所以拒绝 H_{02}，接受 H_{01}。因此，模型应采用第二种形式，即变截距模型。

模型对样本自身的个体差异情况进行分析，因此这里使用的是固定效应模型。为了减少面板数据造成的异方差性，在回归估计时选取"广义最小二乘法"（GLS方法）来对模型进行参数估计，模型（9.2.6）对样本进行回归估计可以得到如下结果（见表9-7）：

表9-7 计量结果

	变量	系数	t统计值	p
地区	$LN(X_1)$	1.184297	61.64363	0.00000
	$LN(X_2)$	1.170143	83.81341	0.00007
	$LN(X_3)$	1.156564	125.4854	0.00019
环渤海区域	固定效应			
	北京	2.270671		
	天津	2.186232		
	河北	2.577892		
	辽宁	2.350996		
	山东	2.873206		
	$R^2 = 0.999982$		DW = 1.65	

通过 B—G 序列相关性检验和 White 异方差性检验，可以得出结论：在5%显著水平下模型没有明显的异方差和自相关，拟合度较好。

从模型的参数估计结果可以看出，总体来说环渤海区域的金融发展对经济增长有促进作用，GDP 的增长率受到储蓄投资转化率、储蓄率、边际资本产出率影响是显著的，这可以从回归方程中各解释变量的弹性系数 β、γ 和 δ 的估计值得出，这三个比率每增加1个单位，GDP 分别增加 1.184297、1.170143、1.156564 个单位。比较三个系数 β 最大，可见对于促进环渤海区域经济稳步增长，可以侧重于逐步完善资本市场，形成结构合理、功能完善的金融市场，进一步提高该区域的储蓄投资转化率。

从截距项的估计值可以分析金融发展与经济增长关系在五省市的固定效应值。这一固定效应值充分体现了金融发展的经济增长效应在区域上的差异,可以反映各地金融发展与经济增长的区域特征。五省市的固定效应值均为正数,最高为山东省(2.873206),最低的为天津市(2.186232)。这说明各省市的地区性基础或禀赋差异对一个地区的经济增长具有很大的影响,而且这种影响在五省市之间的差异并不明显。可以认为,环渤海区域金融发展的差异并不是由经济发展差异所导致,金融发展走的并不是一条"市场主导"的道路,而是"政府主导"下的一种滞后性演变道路。

本节通过对环渤海区域1990—2007年的数据研究,分析了金融发展对环渤海区域经济增长的影响,总体来说环渤海区域的金融发展对经济增长有促进作用,GDP的增长率受到储蓄投资转化率、储蓄率、边际资本产出率的影响是显著的。因此在今后的发展中,环渤海区域五省市应逐步建立金融合作协调机构,打造区域金融信息平台,更新观念,金融机构跨布局整合,实现区域内的金融合作。此外鉴于环渤海区域两大中心城市京津的目前合作状况和各自的特殊性,未来环渤海区域的金融合作应以京津互动合作为突破,推动环渤海区域金融合作,从而推动市场一体化。

4. 环渤海区域的法治与金融发展

改革开放以来环渤海地区形成了比较完备的经济发展体系,与长江、珠江三角洲地区竞相发展,成为拉动我国经济强劲发展的三大引擎之一,国内生产总值不断增长,年均增长率超过16%[1],增长速度大大高于全国水平。经济的发展离不开金融的支持,有效的金融体系能够成功地将产业基础优势转化为区域经济竞争优势。研究证明环渤海地区金融发展对经济增长有较强的促进作用(陈宗胜、

---

[1] 资料来源:《中国统计年鉴2010》,北京:中国统计出版社2010年版。增长率按照以1978年为基期的可比价格计算得出。

马军海、许颖悟，2009）。中国的区域差距可分别归因于区域金融发展水平与区域金融资源禀赋差异（沈坤荣，2004；王纪全，2007）。因此，环渤海地区经济发展需要以金融先导，用金融发展支持区域经济进一步发展。

著名经济学家熊彼特（Schumpeter）指出，一国金融部门的发展对该国人均收入水平和增长率具有积极效应，并认为一个运行良好的金融系统对经济的长期增长有积极作用。经验研究证明金融发展能够显著地促进经济增长（King, Levine, 1993; Levine, 1997）。有效保护债权人权利、促进合同实施的法律体系，是促进金融中介发展的重要因素（Levine, 1999）。然而仅有完善的法律条文并不一定能够有效地保护投资者。有完善的法律条文而不执行，有时候比没有法律还要糟糕（Bhatacharya and Daouk, 2005），尤其是在转型国家（Pistor, Raiser and Gelfer 2000; Bhatacharya and Daouk, 2002）。

法律制度及其执行可以保护银行在借款人违约时，通过诉诸法庭避免借款人机会主义行为的侵害；或者在企业濒临破产时，向法院提出破产申请并获得司法过程中的主导权，尽可能地降低损失（La Porta et al., 1997）。因此，对债权人权利保护较好的法律环境，能够保护债权人在借款人违约时拥有更多的讨价还价能力，从而提高债权人的贷款意愿，放宽企业的信贷约束，提高银行贷款规模（Bae and Goyal, 2009）。

本节以1997—2005年法治及金融发展等相关数据为样本，利用协整理论对环渤海地区法治与金融发展关系进行实证分析。分析环渤海地区法治与金融发展之间是否存在协整关系；如果存在协整关系，将建立协整方程，从而揭示环渤海地区法治与金融发展之间的长期均衡关系及其生成机制，最后对法治与金融发展的因果关系及其性质进行检验。研究目的主要在于，通过探讨该地区法治与金融发展之间的关系，为地区经济的可持续增长与发展提供有实践意义的理论参考。

(1) 变量选择和数据说明

我们定义如下变量：金融发展（fina_deve）指标用银行年末总贷款余额除以当年 GDP 表示，衡量各地区的金融发展水平，数值越大，说明该地区金融发展水平越高。衡量各地区法治水平（lawenfor）的数据来自于樊纲等（2000，2001，2004，2007）编制的中国各地区市场化指数，该指数包括五个方面①，我们将第五方面——市场中介组织发育和法律制度环境——作为衡量中国各地区法治水平的指标，该指标包括市场中介组织（包括律师和会计师事务所）的发育、对生产者合法权益的保护、对知识产权的保护和对消费者权益的保护等，这一指标能够比较全面地衡量一个地区的法治水平。

在计量检验中，为使其趋势线性化，法治和金融发展指标都采用了其自然对数值，表示为 Lnfina_deve、Lnlawenfor。环渤海地区金融发展指标采用五省市银行年末贷款余额总和，除以该地区当年 GDP 总和表示。环渤海地区法治水平指标根据当年五省市法治水平指标数值，按照五省市当年 GDP 占该地区的比重加权平均获得。

由于如果上述时间序列数据是非平稳的，采用简单的 OLS 方法可能产生所谓的"伪回归"现象，因此，本节将首先对上述变量进行单位根检验数据是否平稳，再对其进行协整分析以观察变量间是否存在长期的稳定均衡关系，最后进行格兰杰因果分析检验变量之间的因果关系。

---

① 分别是政府与市场的关系、非国有经济的发展、产品市场的发育程度、要素市场的发育程度、市场中介组织发育和法律制度环境。

基于数据的可获得性,本章分析所使用的样本数据的样本期为1997—2005年的年度数据,数据来源于1996—2006年《中国统计年鉴》、《中国金融年鉴》及《中国区域经济统计年鉴》各卷,环渤海五省市统计年鉴1996—2006年各卷,及《新中国成立五十年资料汇编》。在具体协整检验方式的选择中,采用EG两步法。本章使用的统计分析软件是Eviews5.1版本。

（2）实证分析及结果

本章对时间序列 Lnfina_deve、Lnlawenfor 采用 ADF 检验,滞后期的选择根据 AIC 准则进行确定,检验方程为:

$\Delta y_t = \delta y_{t-1} + \rho \Delta y_{t-1} + \cdots + \rho_{p-1} \Delta y_{t-p+1} + \varepsilon$,

检验假设为：$H_0: \delta = 0$　　　$H_1: \delta \neq 0$

从检验结果（见表9-8）看,各变量的水平值并非平稳的时间序列。再对其一阶差分进行 ADF 检验后发现,五省市的法治和金融发展指标在取一阶差分后分别在1%、5%和10%的显著性水平上拒绝原假,即一阶差分后变为平稳时间序列。

因此,可以认为环渤海地区各省市的金融发展、法治水平都是非平稳序列,具有时间趋势。而经过一阶差分以后,所有的变量都拒绝了原有单位根的假设,表明差分变量都是平稳的。这说明各变量经过一阶差分后变为平稳时间序列,即符合 I（1）过程。

表9-8 单位根（ADF）检验结果

	变量名称	检验模型设定	ADF统计量	结论
北京	Lnfina_deve1	C,T	-2.157992	不平稳
	Lnlawenfor1	N	-0.718529	不平稳
	DLnfina_deve1	C,T	-1.899602*	平稳
	DLnlawenfor1	N	-3.562498***	平稳

(续表)

	变量名称	检验模型设定	ADF 统计量	结论
天津	Lnfina_deve2	C,T	-1.627574	不平稳
	Lnlawenfor2	N	-1.016239	不平稳
	DLnfina_deve2	C,T	-2.199270**	平稳
	DLnlawenfor2	N	-7.015095***	平稳
河北	Lnfina_deve3	C,T	-0.267374	不平稳
	Lnlawenfor3	N	-0.349252	不平稳
	DLnfina_deve3	C,T	-1.655636*	平稳
	DLnlawenfor3	N	-9.294453***	平稳
辽宁	Lnfina_deve4	C,T	-1.534419	不平稳
	Lnlawenfor4	N	-0.649945	不平稳
	DLnfina_deve4	C,T	-3.459890***	平稳
	DLnlawenfor4	N	-5.071432***	平稳
山东	Lnfina_deve5	C,T	-2.121845	不平稳
	Lnlawenfor5	N	-0.259717	不平稳
	DLnfina_deve5	C,T	-2.551962**	平稳
	DLnlawenfor5	N	-6.914630***	平稳
环渤海	Lnfina_deve	C,T	-1.829828	不平稳
	Lnlawenfor	N	-0.675576	不平稳
	DLnfina_deve	C,T	-3.558191**	平稳
	DLnlawenfor	N	-3.906533***	平稳

注：***表示通过1%显著性水平检验，**表示通过5%显著性水平检验，*表示通过10%显著性水平检验，C表示检验模型设定中含有常数项，T表示检验模型设定中含有趋势项，N检验模型设定中不含有常数项和趋势项。

单位根检验结果表明所有变量都是 I（1）过程，我们采用 EG 两步法进行协整检验，检验结果见表9-9。表9-9的协整检验结果说明环渤海地区各省市的残差序列具有平稳性，即变量 Lnfina_deve

和 Lnlawenfor 存在协整关系。因此可以得出变量 Lnfina_deve 和 Lnlawenfor 存在长期稳定均衡关系。

表9-9 协整检验结果

	变量名称	检验模型设定	ADF 统计量	结论
北京	resid	N	-2.662278**	平稳
天津	resid	N	-2.150537**	平稳
河北	resid	N	-1.658492*	平稳
辽宁	resid	N	-5.105998***	平稳
山东	resid	C,T	-10.73435***	平稳
环渤海	resid	C,T	-6.620158***	平稳

注：***表示通过1%显著性水平检验，**表示通过5%显著性水平检验，*表示通过10%显著性水平检验，C 表示检验模型设定中含有常数项，T 表示检验模型设定中含有趋势项，N 检验模型设定中不含有常数项和趋势项。

协整检验表明环渤海地区各省市的法治水平和金融发展之间存在长期的协整关系。但是协整方程只是反映各变量之间的长期均衡关系，并不能说明它们之间的回归关系，这种均衡关系是否构成因果关系，还需要进一步验证。本章采用恩格尔（Engle）和格兰杰（Granger）提出的因果关系对环渤海地区的法治水平和金融发展之间进行因果关系检验。由于数据的限制，检验模型采用滞后一阶，检验结果如表9-10。

检验结果表明，北京、天津、山东、河北这四个地区的法治水平提高是金融发展的格兰杰原因，金融发展不是法治水平提高的格兰杰原因。从环渤海地区总的情况来看，法治水平的提高是该地区金融发展的格兰杰原因，金融发展不是法治水平提高的格兰杰原因。这表明整个地区的法治水平对金融发展有很大的影响力。

表9-10 的检验结果显示，辽宁省未通过检验。从经济结构上来看，辽宁省是环渤海五省市中国有经济占比最高的省份（见表9-11）。

实践表明，国有经济部门相比私营经济更容易通过非市场过程获得贷款。此外，2005年之前辽宁省的资本形成总额一直低于本省GDP的50%。这表明相比其他省市，辽宁省的投资行为相对不活跃。

表9-10 格兰杰因果关系检验结果

	原假设	Obs	F 统计量
北京	Lnlawenfor1 does not Granger Cause Lnfina_deve1	8	8.74625
	Lnfina_deve1 does not Granger Cause Lnlawenfor1	8	0.45874
天津	Lnfina_deve2 does not Granger Cause Lnlawenfor2	8	6.91756
	Lnlawenfor2 does not Granger Cause Lnfina_deve2	8	0.01993
河北	Lnlawenfor3 does not Granger Cause Lnfina_deve3	8	4.01609
	Lnfina_deve3 does not Granger Cause Lnlawenfor3	8	1.42302
辽宁	Lnlawenfor4 does not Granger Cause Lnfina_deve4	8	1.14011
	Lnfina_deve4 does not Granger Cause Lnlawenfor4	8	3.07164
山东	Lnlawenfor5 does not Granger Cause Lnfina_deve5	8	9.71538
	Lnfina_deve5 does not Granger Cause Lnlawenfor5	8	2.50045
环渤海	Lnlawenfor does not Granger Cause Lnfina_deve	8	4.91069
	Lnfina_deve does not Granger Cause Lnlawenfor	8	1.73740

注：查表得F统计量临界值为 $F_{0.1}(2, 8) = 3.11$，$F_{0.05}(2, 8) = 4.46$，$F_{0.01}(2, 8) = 8.65$。

表9-11 2005年环渤海五省市国有及国有控股工业企业产值比例及单位比例

	北京	天津	河北	辽宁	山东
产值比例(%)	59.2	43	39	63	30
单位比例(%)	5.5	5.8	1.9	2.6	1.2

资料来源：《北京统计年鉴2006》，《天津统计年鉴2006》，《辽宁统计年鉴2006》，《河北统计年鉴2006》，《山东统计年鉴2006》，北京：中国统计出版社2006年版。

(3) 对实证结果的分析和进一步思考

本节选取 1997—2005 年环渤海地区五省市的相关数据，验证了环渤海地区法治水平与金融发展的关系，研究结果发现：法治水平的提高是该地区金融发展的格兰杰原因，而金融发展不是法治水平提高的格兰杰原因。本章的研究结果与"法与金融"文献的理论预期和经验证据一致，为"法与金融"领域的研究提供了来自中国的证据。本章的研究表明，法律实施是影响金融发展的重要因素。因此，在完善法律条文的同时更要注重法律条文的落实。

根据数据的可获得性，本章对金融发展变量的衡量局限于正规金融的银行贷款数据。未来的研究可以扩大金融发展变量的取值范围，不仅包括银行贷款，还可以包括直接融资、非正规金融等相关数据，进一步考察法治水平对金融发展的影响。

(三) 来自上海的实证

近年来许多学者开始关注中国法治水平与金融发展关系问题，成果丰硕。卢峰和姚洋（2004）认为，加强法治有助于提高私人部门获得的银行信贷份额，推动银行业的竞争，但是对金融深化没有显著影响。皮天雷（2010）的研究认为，在不考虑政府行为这一制度因素时，法治水平的提高对地区金融发展的效应不太确定。然而余桂明和潘红波（2008）以各省上市公司中地方政府最终控股的公司为样本，得出法治水平与金融发展成正比，与地方国有企业获得的贷款规模和期限成反比的结论。邵明波（2010）的研究显示，加强法治不仅促进地区金融发展，还促进银行贷款长期化。

不同的学者之所以存在分歧，主要原因在于两方面：一是选取表征金融发展的各项变量指标存在差异，且样本数据时间跨度选取不合理①；二是针对不同省份选用相同的控制变量，影响了研究结论的可信度。中国各省（市）之间经济发展、产业结构的差异很大。目前上海不仅已经实现"三二一"的产业结构升级，而且第三产业产值已经达到上海市生产总值的60%以上。② 然而中国绝大多数省（市）份还处于"二三一"的产业结构模式，仍处于把发展第二产业作为提升产业结构、提高劳动生产率、促进经济增长的重要途径。因此，针对经济结构不同的省级单位采用相同的控制变量，必然会影响到经验分析的结论。

2013年上海金融业实现增加值2823.29亿元，是中国金融业增速最快的城市③。金融业的高速发展是建设"国际金融中心"的重要前提。然而相比世界其他国际金融中心，上海还有差距。目前从法治水平的视角研究上海金融发展的文献相对不多。因此，本章通过控制变量控制住其他影响上海金融发展的因素，采用向量误差修正模型（VECM）和格兰杰（Granger）因果关系检验方法，研究法治水平与金融发展的规模、效率以及银行业竞争之间的相关关系和因果关系，以期对上海"国际金融中心"的建设提供理论参考。

1. 变量选择与检验方法

(1) 变量选择与数据说明

对于金融发展我们从规模、效率和银行业竞争三个方面进行考察：

---

① 比如卢峰和姚洋（2004）的研究，其样本数据时间跨度为1991—2001年，然而1994年之前，我国还未颁布《商业银行法》，这期间我国商业银行（尤其是国有商业银行）正处于从政府配置资源的工具向现代商业银行的转变，政府干预对银行的资源配置还起主导作用。

② 资料来源：《2013年上海市国民经济和社会发展统计公报》，http://www.stats-sh.gov.cn/sjfb/201402/267416.html。

③ 资料来源：《2013年上海市国民经济和社会发展统计公报》，http://www.stats-sh.gov.cn/sjfb/201402/267416.html。

九、信贷市场的法治效应：来自中国的实证

考虑到我国金融市场规模占GDP比例偏低，我们用金融机构年末贷款余额除以当年GDP表示金融发展规模（fina_deve），用以衡量地区金融发展水平。数值越大，说明该地区金融发展水平越高。

金融机构的效率主要体现在提供贷款的能力，因此我们用金融机构年末贷款余额除以当年年末存款余额表示金融发展效率（fina_effi），用以衡量金融中介将储蓄转化为贷款的效率。数值越大，说明该地区金融发展效率越高。

银行业竞争（bank_comp）指标我们通过除四大国有商业银行以外的其他商业银行在借贷市场上的活跃程度来反映，具体的数值我们用其年末贷款余额占银行业贷款总额的份额来表示，衡量银行业的竞争程度。数值越大，说明银行业竞争程度越高。

考虑到数据的可获得性，法治水平（lawenfor）的数据我们采用樊纲等（2000，2001，2004，2007，2011）编制的《中国各地区市场化指数》一书中的"市场中介组织发育和法律制度环境"作为衡量地区法治水平的指标。

考虑到影响金融发展的因素有很多，在研究中我们必须尽量剔除其他影响金融发展的因素，通过检验模型体现法治水平对金融发展的影响。具体操作中我们加入以下控制变量表示这些重要因素的影响作用：

首先，我们要考虑地区整体经济运行状况对金融发展的影响，这一点通过人均GDP[①]（gdppc）指标来实现。考虑到政府一般通过财政支出（fiscal）的变化来调控经济，因此我们用当年财政支出除以GDP来控制政府干预对金融发展的影响。外商直接投资（fdi，用当年外商直接投资除以GDP表示）反映外商对资本市场的直接供给，对外贸易（trade，用当年的进出口总额除以GDP表示）反映对

---

① 人均GDP（gdppc）是按照以1978年为基期的可比价格计算得出。

外贸易往来对金融活动的影响。此外，贷款的使用效率会影响对贷款收益的预期进而影响信贷需求，因此我们用投资率（invr，用当年资本形成总额除以 GDP 表示）表征贷款使用效率对金融发展的影响。

考虑到中国国有商业银行的实质性改革始于 1997 年的"第一次全国金融工作会议"，我们的样本数据从 1997 年开始。基于数据的可获得性，我们的样本区间为 1997—2009 年。①

本章的相关数据来源于 1998—2010 年《中国统计年鉴》、《中国金融年鉴》、《中国区域经济统计年鉴》、《上海统计年鉴》、《上海金融年鉴》各卷，以及《新中国成立五十年资料汇编》。主要变量的描述性统计结果如表 9-12 所示。

表 9-12　主要变量的描述性统计特征

	变量	均值	标准差	最小值	最大值
被解释变量	fina_deve	1.609	0.255	1.240	1.972
	fina_effi	0.729	0.040	0.665	0.775
	bank_comp	0.506	0.118	0.340	0.666
解释变量	lawenfor	11.483	4.603	5.770	19.890
控制变量	fiscal	0.157	0.025	0.120	0.198
	fdi	0.048	0.031	0.006	0.101
	trade	0.797	0.495	0.184	1.586
	invr	0.471	0.043	0.436	0.595
	lngdppc	10.683	0.326	10.156	11.144

---

① 在计量检验中，为使其趋势线性化，法治和金融发展指标都采用了其自然对数值，表示为 lnfina_deve, lnfina_effi, lnbank_comp, lnlawenfor, lnfiscal, lnfdi, lntrade, lngdppc。

(2) 检验方法与检验模型

我们采用的向量误差修正模型（VECM）形式如下：

$$\Delta y_t = \alpha\beta' y_{t-1} + \sum_{i=1}^{p-1} A_i \Delta y_{t-i} + u_i \qquad (9.3.1)$$

其中，对金融发展规模（fina_deve）的检验模型中，y_t =（lnfina_deve, lnlawenfor, lnfiscal, lnfdi, lntrade, invr, lngdppc），对金融发展效率（fina_effi）的检验模型中 y_t =（lnfina_effi, lnlawenfor, lnfiscal, lnfdi, lntrade, invr, lngdppc），对银行业竞争（bank_comp）的检验模型中，y_t =（lnbank_comp, lnlawenfor, lnfiscal, lnfdi, lntrade, invr, lngdppc）。各检验模型均是由七个变量构成的系统向量。A_i 表示系数矩阵，α 表示误差修正项的系数向量，$\beta' y_{t-1}$ 表示误差修正项，β 表示协整向量。

2. 实证分析及结果

（1）对各变量的单位根检验

在对数据的平稳性检验中，我们采用了比较常用的单位根（ADF）检验，滞后项数我们选择常用的 AIC 信息准则进行确定，检验方程为：

$$\Delta y_t = \delta y_{t-1} + \rho \Delta y_{t-1} + \cdots + \rho_{p-1} \Delta y_{t-p+1} + \varepsilon, \qquad (9.3.2)$$

检验假设为：$H_0: \delta = 0 \quad H_1: \delta \neq 0$

表 9-13 为检验结果，其中第 2 列数字表示各变量的单位根检验结果，第 3 列数字是各变量一阶差分后的 ADF 统计值。我们可以看出各变量的检验结果均不能拒绝有单位根的假设，因此我们可以推定各变量均是具有时间趋势的非平稳的时间序列。从各变量一阶差分后的 ADF 统计值来看，在所有变量一阶差分后分别在 1%、5%、10% 显著性水平上均拒绝了有单位根的假设，即各变量是一阶单整过程序列。

表 9-13 单位根（ADF）检验结果

变量名称	ADF	DADF
lnfina_deve	-1.398	-3.876***
lnbank_comp	-1.463	-3.149**
lnfina_effi	-1.522	-5.592***
lnlawenfor	-1.175	-4.840***
lnfiscal	-0.545	-2.906*
lnfdi	-0.704	-3.177**
lntrade	-0.823	-3.151**
lninvr	-1.010	-3.501**
lngdppc	-1.082	-4.959***

注：(1) *** 表示通过 1% 显著性水平检验，** 表示通过 5% 显著性水平检验，* 表示通过 10% 显著性水平检验；(2) 单位根检验模型设定中只有常数项；(3) DADF 表示变量一阶差分的 ADF 统计量检验值。

(2) 协整检验

从前面的检验结果我们可以看出，所有的变量序列经过一阶差分后都是平稳序列，针对包含多变量的系统可能存在多个协整关系，我们采用 Johansen 协整检验，检验结果见表 9-14。

表 9-14 的多变量协整检验结果中，模型的迹统计量和最大特征根统计量均通过 5% 的显著性水平检验，即均在 5% 的显著性水平上拒绝了"协整向量秩等于零"的零假设。这表明解释变量（lnlawenfor）与被解释变量之间存在协整关系，即法治水平与金融发展规模、效率及银行业竞争之间存在长期稳定均衡关系。

(3) 格兰杰因果检验

从前面的协整检验我们可以得出上海的法治水平与金融发展规模、

表9-14 协整检验结果

被解释量	解释变量		控制变量			迹统计量与最大特征根统计量
	lnlawenfor	lnfiscal	lnfdi	lntrade	lninvr	lngdppc	
lnfina_deve	-0.941 (0.018)	-6.284 (0.057)	0.482 (0.010)	-0.169 (0.009)	1.221 (0.023)	1.560 (5.918)	350.646** 338.226**
lnbank_comp	-0.467 (0.334)	-0.113 (0.641)	0.169 (0.201)	-0.122 (0.221)	0.790 (0.540)	26.828 (19.551)	331.123** 328.018**
lnfina_effi	-0.650 (0.224)	-0.118 (0.684)	0.050 (0.127)	-0.084 (0.113)	-0.062 (0.274)	0.544 (0.701)	335.421** 324.957**

注：(1)***表示通过1%显著性水平检验，**表示通过5%显著性水平检验，*表示通过10%显著性水平检验；(2)检验模型的滞后项数由AIC准则确定；(3)表中第2—7列是协整向量的估计值，括号内数字是标准差；第8列是协整检验的统计量的迹特征根统计量计算值；(4)被解释量的系数为1，没有列出。

效率及银行业竞争之间存在长期的协整关系的结论。但是为了进一步验证这种均衡关系是否构成因果关系,我们需要采用非平稳序列下的格兰杰因果检验进行分析,检验结果如表9-15所示。

表9-15 格兰杰因果关系检验结果

原假设	卡方统计值	P值
lnlawenfor 不是 lnfina_deve 的格兰杰原因	7.445***	0.006
lnfina_deve 不是 lnlawenfor 的格兰杰原因	0.462	0.496
lnlawenfor 不是 lnbank_comp 的格兰杰原因	6.868***	0.009
lnbank_comp 不是 lnlawenfor 的格兰杰原因	0.500	0.479
lnlawenfor 不是 lnfina_effi 的格兰杰原因	4.346**	0.037
lnfina_effi 不是 lnlawenfor 的格兰杰原因	0.391	0.532

注:(1)*** 表示通过1%显著性水平检验,** 表示通过5%显著性水平检验,* 表示通过10%显著性水平检验;(2)检验模型的滞后项数由AIC准则确定;(3)表中省略了控制变量的格兰杰因果检验统计量值。

表9-15的检验结果表明,在控制了其他经济特征的情况下,法治水平的提高不仅是促进金融发展规模扩张、效率提高的格兰杰原因,还是银行业竞争程度提升的格兰杰原因;金融发展、金融效率提升和银行竞争不是法治水平提高的格兰杰原因。因此,在控制其他经济因素的情况下,法治水平的提高不仅促进金融发展的规模扩张、提高金融发展效率,还会提升银行业的竞争程度。

考虑到影响金融发展的因素有很多,我们采用带有控制变量的向量误差修正模型在剔除其他因素影响的情况下研究上海法治水平与金融发展的关系,并对其进行因果检验。控制变量的选择增强了经验结论的可信度,从而对上海金融发展规模、效率及银行业竞争的法治因素做出定量研究。以 1997—2009 年的上海数据为样本，通过研究表明在控制政府干预、外商投资、对外贸易、投资率等经济因素的前提下，法治水平不仅与金融发展规模与效率之间存在长期稳定均衡关系，还与银行业竞争有协整关系。格兰杰检验结果显示，法治水平的提高是促进金融发展规模、效率以及银行业竞争的格兰杰原因。

因此，"国际金融中心"的建设不仅要注重法律体系的完善，更要注重法治水平的提高，即完善法律体系的同时，法律条文的落实也不可忽视。

（四）本章小结

自 20 世纪 90 年代末兴起的"法与金融"领域的研究，虽然取得了不少成果，但是极少有涉及中国的文献。本章结合中国省级单位经济社会发展的相关数据，分析法治对金融发展的影响。研究结果发现，法治是影响中国金融发展和银行贷款长期化的重要因素，在法治水平比较高的地区，金融发展水平较高、中长期贷款比重较大；而在法治水平较低的地区，金融发展水平较低、中长期贷款比重较小。本章的研究结果与"法与金融"文献的理论预期和经验证据一致，为"法与金融"领域的研究提供了来自中国的证据。

本章的研究意味着，当前的法制化建设在加强立法的同时，更要重视法律的执行。法律条文的存在与具体的法律实施之间并不相等。法治的薄弱会为借款人机会主义行为的滋生提供土壤，影响金融发展，进而影响经济增长。因此，对于中国的金融发展和市场化改革而言，在完善立法的同时，更应该重视法律的实施。

由于数据可得性的限制，在对中国分省的实证检验中主要关注法律实施对中国正规金融的影响，然而在中国经济发展过程中，非正规金融①的表现也不可忽略，未来的研究可以考虑，检验各地区法律实施水平的差异对非正规金融的发展是否具有重要影响，进而考察法律实施与经济增长的关系。

---

① 非正规金融是指那些没有被官方监管、控制到的金融活动。

十、结束语

（一）主要研究结论

债权人权利保护与借贷市场发展的理论和实证研究的主要结论包括：

（1）法律制度从两方面向债权人提供保护：保证抵押品索取权和诉诸法庭时获得违约债务人的收益。（2）随着法律对债权人保护水平的提高，债权人贷款的安全性上升，降低了银行在筛选放贷项目时的要求，从而降低银行的筛选成本。（3）法律对债权人权利的保护会降低银行贷款成本，提高银行贷款意愿。（4）法律制度对债权人权利的保护对金融发展具有重要影响，法律制度保护水平较高的国家和地区金融发展水平较高，法律制度保护水平较低的国家和地区金融发展水平较低。（5）法律制度对债权人权利的保护水平提高在促进借贷市场发展的同时，还提高银行的资金效率。

股东权利保护与股票市场发展的理论和实证研究的主要结论包括：

（1）法律制度环境影响企业家的投资决策和现金流量权的配置，通过均衡分析得出：法律对投资者权利保护水平高的国家资本市场规模较大，公司所有权集中度较低，公司规模较大。（2）各个国家证券法体系对投资者权利保护水平差异较大。普通法系国家对信息披露要求最高，投资者追偿相对容易。法国法系国家对信息披露要求最低，投资者追偿行为也最不容易实现。公共执法方面各项指标，德国法系国家最差，另外三个法系国家得分差异相对不大。(3) 相比信息披露要求和赔偿责任标准，公共执法在股票市场发展中的作用并不显著，对信息披露要求的提高和降低投资者举证负担更能促进股票市场的发展。

法律实施与投资人行为选择的理论和实证研究的主要结论包括：(1) 在完全竞争的市场上，法律实施效率的提高会放松借款人面临的信贷约束，提高贷款量，而对信贷市场贷款平均利率水平的影响不确定；在完全垄断的市场上，法律实施效率的提高会放松借款人面临的信贷约束，增加贷款供给，提高信贷市场上的贷款平均利率。(2) 法律实施效率与金融发展各项指标均存在显著的正相关关系，法律执行效率是影响各个国家债权人放贷意愿的重要因素。(3) 法律实施是影响中国金融发展和银行贷款长期化的重要因素，在法律实施水平比较高的地区，金融发展水平较高，中长期贷款比重较大；而在法律实施水平较低的地区，金融发展水平较低，中长期贷款比重较小。

（二）研究结果对于中国的政策启示

改革开放30多年，中国的金融体系经历了从单一到多元的演变，金融部门经历了从国家财政出纳到成为国家经济的重要组成部分的变化。其间，中国金融业获得了前所未有的发展，取得了许多重大成就。然而中国无论法律还是金融体系都相对落后。虽然中国是世界上经济增长速度最快的经济体之一，但是有种观点认为，如果中国有一个好的金融体系，将会做得更好。

十、结束语

自 2015 年 11 月中央财经领导小组会议提出供给侧结构性改革这一概念以来,供给侧结构性改革就成为当今最为流行的词语,作为其内容之一的"降成本"也吸引了众多学者的关注与研究。如何"降成本",不仅是推进供给侧结构性改革的重点任务,更是能否搞活市场经济的最重要的微观主体——企业,适应和引领经济发展新常态的需要。

企业成本高低直接关系企业的生存发展与否,高成本意味着盈利能力弱,市场竞争力不强,在激烈的市场竞争中面临淘汰风险。党的十八届五中全会就明确指出:"开展降低实体经济企业成本行动,优化运营模式,增强盈利能力。""降成本"不仅要降低企业税费负担、社保负担等显性成本(法律条例明文规定企业必须承担的成本),更迫切需要降低企业的隐性成本(存在大量的难以明确规定的收费),例如企业的金融成本。金融是经济的血液,现实却是"融资难"、"融资贵";因而如何降低企业融资成本成为政府与学界共同关注的热点议题。

目前围绕如何降低企业融资成本,学界形成了三大主要观点:一是政府金融市场干预。通过政府政策直接干预,降低商业银行向民营企业放贷的成本,激励银行放松融资约束,具体政策措施包括财政贴息(尹丹莉,2011)、地方政府优化政策环境(吴晓俊,2013)、定向降息降准(巴曙松、牛播坤,2015)等。二是金融市场环境建设完善。针对民营企业(尤其是中小企业)融资过程中的信息不对称问题,学者们提出通过发展中小金融机构(林毅夫、李永军,2001;殷孟波等,2011)、发展信用担保(唐平,2006;李毅、向党,2008)、构建征信平台完善信用评级(袁增霆等,2010;郭娜,2013)等途径,完善企业的融资信息披露问题。三是金融资源结构调整。拓宽融资渠道,多途径为企业注入资金,比如推进民营企业的直接融资(毛晋生,2002)、引进民间资本(仇颖,2011)、引进外资银行（盛丹、王永进，2013）等。以上三种观点都从某一方面切中了目前金融市场的缺陷对企业融资成本的影响，而且也是完善中国金融市场建设的内容。然而，近年来政府相继完善金融市场环境建设，提高直接融资比例和降低利率等政策，但企业的融资成本依然高。根据《人民日报》记者调查发现，民营企业的融资难、融资贵的问题仍未解决。①

企业为何"融资难、融资贵"？政府推进一系列"降成本"措施当然是必不可少的，但更需要长远的制度化、法治化、规范化的设计。依法治国是治理国家的基本方略。降成本治理也需要法治。众多"降成本"措施是政府这只"有形之手"来干预商业银行信贷行为，是违反"市场在资源配置中起决定性作用"这一原则的。因为经济下行压力加大，银行的首要目的是控制信贷风险。银行根据企业的违约风险评估结果，制定相应的抵押率和贷款利率；违约风险越高的企业，将面临更高的抵押率和贷款利率；当企业的违约风险过高时，银行甚至会通过信贷配给控制风险。显然"降成本"需要更加长期的视角，而非短期干预之策。党的十八届四中全会明确指出，"社会主义市场经济本质上是法治经济"，法治作为治理国家的基本方略，因而有必要运用法治视角来重新审视企业的金融成本问题。用法治来保护交易双方，而非单一一方，降低双方的交易成本，这也是西方世界兴起的原因之一。

本书的研究认为，支持中国非正式部门（国有和上市公司之外的其他企业）增长的是非正式融资渠道和治理机制对正式融资渠道

---

① 《人民日报》的调查显示，人民银行降息降准的政策利好难以传导到企业，高昂的担保成本让民企不堪重负，商业银行向中小企业的贷款呈现短期化趋势，企业之间的联保互保在一定程度上推高了企业的经营风险，高企的民间借贷利率让民营望而却步。资料来源：《"钱紧""钱贵"的现象依然存在——对两省四市53家企业融资成本的调查》，www.people.com.cn。

十、结束语

和机制的替代——非标准的融资途径和公司治理机制,即基于声誉和关系的非正式融资途径和公司治理机制。当中国经济进一步发展时,现有的替代是否仍然有效?世界各国的发展历程证明,非标准的融资途径和公司治理机制的作用有限,并不能成为经济发展的长久机制。而培育良好的保护投资者权利的法律体系,促进金融发展,从而为企业提供良好的外部融资环境是促进经济发展的大趋势。因此,发展重视投资者权利保护的法律体系,促进金融发展,是中国未来经济发展的重要政策方向之一,是实现供给侧改革的关键环节。

当前的法制化建设在加强立法的同时,更要重视法律的执行。法律条文的存在与具体的法律实施之间并不相等。法律实施的薄弱会为借款人机会主义行为的滋生提供土壤,影响金融发展,进而影响经济增长。因此,对于中国的金融发展和市场化改革,在完善立法的同时,更应该重视法律的实施。

降成本作为供给侧结构性改革的五大重点任务之一,如何降成本就成为推进供给侧结构性改革的重大实践议题。降成本有直接降低成本和间接降低成本,也有降低显性成本,但更重要的是降低一些隐性成本。由此必须结合党的十八届三中全会和四中全会精神,把市场在资源配置中起决定性作用和依法治国有机结合起来,有效推进供给侧结构性改革,真正降低金融成本,实现金融资源的有效配置。

改革开放以来,金融服务现代化发展趋势使我国金融法治化面临新的形势。虽然我国已初步建立起相对完备的金融法律框架,金融法治化建设取得了一定的成绩,但是当前金融法治化建设依然难以适应金融服务现代化的要求,这主要表现在以下三个方面:

首先,金融法治化程度较低。金融法治化水平是决定金融发展的重要因素。债权人权利得到较强的法律保护环境下,当贷款合同违约时银行的贷款回收率提高,银行的信贷供给意愿上升,市场上的贷款供给增加。随着金融业的改革和发展，我国已初步建立起比较完备的金融法律框架，但与欧美等国家相比，仍有较大差距（Allen et al., 2005）。这主要表现在三个方面：（1）关于债权人权利保护的法律法条有待完善。目前我国破产法缺少有效的"破产保全"，致使银行在企业破产过程中难以保证贷款安全。此外，在企业破产清偿次序中，如果没有财产担保，企业一旦破产，银行债权只能作为一般债权在最后清偿。（2）相关法律的立法层次亟待提高。目前我国金融法治化进程中，仍然有相当领域仅限于通知、指导意见、暂行办法、管理条例的较低效力层次。立法层级低揭示出我国现阶段主要依靠行政手段治理金融部门，部门利益、地方利益影响了金融法治化进程。（3）法律实施力度参差不齐。"法律的生命力在于实施"，"宪法和法律实施是当代法治基本内涵的普遍要求"。[①] 监管部门执法过程中多采用处罚弹性大、透明度低的行政处罚方式，执法效率监督缺位。

其次，金融的非法治化特征明显。市场经济背景下，国家对金融的监管主要有经济手段、行政手段和法律手段，我国主要采取的是以行政干预为主要的监管手段。金融法治不完备衍生的大量法律空白给政府带来了行政干预的空间。从中央政府层面看，政策性银行管理缺少相应的法律规范，其贷款规模和项目主要由政府行政决策。我国金融管理部门职能分设，先行的法律对其职权划界不清，致使部门之间责权不清，监管效率不高。比如互联网金融一度成为监管盲区，各监管部门相互推诿、扯皮，至今未颁布相关法律，仍停留在细则的底层级规章水平。从地方政府层面看，薄弱的法律保护催生了地方政府和银行的相互吸引。地方政府出于政绩的考量通过行政干预商业银行对地方国有企业放松信贷约束，从商业银行获

---

① 徐汉明：《法治的核心是宪法和法律的实施》，载《中国法学》2013年第1期。

得大量的信贷资源。经济进入下行区间是，银行出于控制风险的考虑，将信贷资源优先配置到有地方政府信用背书的融资平台和国有企业。此外，出于获得信贷资源的考虑，民营企业纷纷通过政治关联（于蔚等，2012）、银企关联（邓建平、曾勇，2011）的途径，以期获得信贷资源便利。

第三，行政干预主导金融法治建设。从我国金融法律建设的进程看，金融立法主要遵循"行政法规—法律"的演化路径，行政干预主导我国金融法治化建设进程。这意味着我国的金融法治化路径是一种"自上而下"式的强制性制度变迁模式，即以政府干预的思维建设金融法治框架。在这种模式下，政府囿于其有限的理性，难以有效把握市场借贷双方的主体需求，致使法律制度变革落后于金融服务现代化的发展。比如，我国金融法律的修订、更新难以适应金融服务信息化、网络化的发展。

行政干预的思维建设法治金融势必导致立法民主性的缺失和透明度的下降。随着信息化时代的来临，传统的银行借贷业务具有业务形式创新多、变动快，业务平台变化大的特点，相关法律的修订需要各个领域的参与者共同合作，才能准确规范金融行为，提供有效的法律约束。推进金融供给侧改革重在制度建设，立法的民主性、透明性是有效制度供给的前提。不透明的立法过程会降低公众的参与度，缺乏民主性的立法将导致法律严重脱离实际。立法的民主性通过立法听证实现，而当前我国立法听证的法律依据不清晰，立法听证会的公开透明度缺乏，立法听证流于形式，缺乏对听证结果的反馈。

因此，要实现我国金融秩序的良序发展，需要从以下三个方面着手：

第一，金融供给侧结构性改革的关键设计：法治国家建设下的法治金融。十八届四中全会提出要建设法治国家。法治国家是需要一个良好完备的法律体系为前提。金融供给侧结构性改革要降成本，更需要降隐性成本，或者让隐性成本显性化，这需要有完备的金融法律体系与之相匹配。金融较多的隐性成本处于法律模糊地带，法治难以有效调节。目前如破产法等金融法律的缺失导致金融行业供给侧结构性改革缺乏保障就是体现。法治国家建设具体在金融业的意义在于建设法治金融，首先为金融供给侧结构性改革提供法律依据和规范保障。金融业不仅要降成本，也要去产能，淘汰落后产能，那么金融业有没有落后产能呢？金融机构的破产如何保护？中国金融业如何更有效率，提供中高端金融服务？互联网金融就是一个急需要法律加以完善和保障的重要领域。法治国家建设是法治金融的宏观顶层设计。其次，更为关键的是法治要作为国家宏观调控的基本方式，要作为金融治理的基本方略。中国金融业目前还依然存在各种行政手段来调控金融资源，形成金融资源配置的不同偏向，特别是国企偏向等。要扭转这一偏向需要上升到法治化路径加以解决，就是法治国家到法治金融的建设，形成法治金融的中观基础。最后，法治作为调节和规范金融主体，银行、借款人、贷款人、政府及金融管理机构的权利与义务，特别是各个行为主体的权利与边界；发生纠纷不是依靠行政资源而是依靠法律来化解及解决，形成法治金融的微观基础。

　　第二，政府与市场关系的重构，建设法治政府。供给侧结构改革的核心被学者认为就是政府与市场关系问题。供给侧结构改革不是要回到计划经济时代，重新回到过去的政府干预经济和宏观调控的"老方式"——行政干预；而是要坚持党的十八届三中全会的"让市场在资源配置中起决定性作用"，由市场而非政府来配置资源。经济学原理告诉我们，市场有效配置资源是有根本前提的，那就是市场必须是有效的。市场经济也是法治经济的原则就充分说明了市场经济必须以法治政府建设为首要前提。

法治政府很显然就需要打破国有商业银行的垄断地位，充分让金融资源流动起来，提高效率，让市场来决定而非政府来干预金融市场。

第三，政府与社会关系的重构，建设法治社会。法治社会，通常是指法律在全社会得到普遍公认和遵从的一种社会状态。法治社会一般具有以下基本特征：全社会对法治普遍信仰；宪法和法律得到有效实施和普遍遵从；社会依法规范运行；公平正义得到切实维护和实现；权利救济及时充分（吴爱英，2014）。目前中国社会对法治的认同度还存在不少缺陷，最为明显的就是不通过法律而是其他途径来调节和规范各种社会关系，包括与政府机构、国有金融机构等关系。简而言之，社会信任水平不高。正是社会信任水平不高，企业进行融资的成本显然就比社会信任水平高的状态要高得多，因为银行等金融机构要进行一系列的筛选，产生了比较多的、难以直接显示的成本。要去制度杠杆，就是要建设一个政府与社会协调发展，社会充分成长的法治环境。

（三）未来发展方向及进一步研究思路

由于数据可得性的限制，本书研究样本国家不包括苏联解体后的东欧国家，国际比较方面的实证检验仍有一定的欠缺，未来的研究可以进一步扩大样本国家范围。

在对中国分省的实证检验中主要关注法律实施对中国正规金融的影响，然而中国经济发展过程中，非正规金融的表现也不可忽略，未来的研究可以在检验各地区法律实施水平的差异对非正规金融的发展是否具有重要影响，进而考察法律实施与经济增长的关系。

法与金融理论进一步的研究思路将会是不断扩展理论模型，出现更多的表征法律制度对投资者权利保护水平的变量，解释不同国家不同经济社会情况下法律制度对投资者的保护水平对金融发展的影响。该理论目前还局限于对正式规则的研究,未来进一步的研究还可以关注非正式规则对投资者权利保护,进而对金融发展的影响。该领域的发展方向将会更全面地解释现实并指导现实,更加具有理论价值和现实价值。

参考文献

[1] 樊纲、王小鲁:《中国市场化指数——各地区市场化相对进程 2000 年度报告》,经济科学出版社 2001 年版。

[2] 樊纲、王小鲁:《中国市场化指数——各地区市场化相对进程 2001 年度报告》,经济科学出版社 2003 年版。

[3] 樊纲、王小鲁:《中国市场化指数——各地区市场化相对进程 2004 年度报告》,经济科学出版社 2004 年版。

[4] 樊纲、王小鲁、朱恒鹏:《中国市场化指数——各地区市场化相对进程 2006 年度报告》,经济科学出版社 2007 年版。

[5] 樊纲、王小鲁、朱恒鹏:《中国市场化指数——各地区市场化相对进程 2011 年度报告》,经济科学出版社 2011 年版。

[6] [美] 哈罗德·J. 伯尔曼:《法律与革命(第一卷)》,贺卫方等译,法律出版社 2008 年版。

[7] 马克垚:《西欧封建经济形态研究》,人民出版社 1985 年版。

[8] 韦森:《经济理论与市场秩序》,上海人民出版社 2009 年版。

[9] 韦森:《社会制序的经济分析导论》,上海三联书店 2001 年版。

[10] [美] 约瑟夫·熊彼特:《经济发展理论》,何畏、意家详等译,商务印书馆 1991 年版。

[11] 巴署松、刘孝红、牛播坤:《转型时期中国金融体制中的

地方治理与银行改革的互动研究》，载《金融研究》，2005 年第 5 期。

［12］巴曙松、牛播坤：《新常态背景下降低融资成本的策略研究》，载《经济纵横》，2015 年第 1 期。

［13］贝克、莱文：《法律制度与金融发展》，载《比较》，2006 年第 22 期。

［14］陈宗胜、马军海、许颖悟：《我国沿海地区的梯度发展趋势及环渤海地区的发展潜力探讨》，载《管理世界》，2005 年第 2 期。

［15］邓建平、曾勇：《金融关联能否缓解民营企业的融资约》，载《金融研究》，2011 年第 8 期。

［16］郭娜：《政府？市场？谁更有效——中小企业融资难解决机制有效性研究》，载《金融研究》，2013 年第 3 期。

［17］李毅、向党：《中小企业信贷融资信用担保缺失研究》，载《金融研究》，2008 年第 2 期。

［18］李詹、叶松：《我国利用外商直接投资的结构研究》，载《中南财经政法大学研究生学报》，2006 年第 5 期。

［19］林毅夫、李永军：《中小金融机构发展与中小企业融资》，载《经济研究》，2001 年第 1 期。

［20］卢峰、姚洋：《金融压抑下的法治、金融发展和经济增长》，载《中国社会科学》，2004 年第 1 期。

［21］刘文、罗润东、邵明波：《环渤海区域劳动就业状况分析》，载《山西财经大学学报》，2008 年第 6 期。

［22］毛晋生：《长周期下的融资供求矛盾：我国中小企业融资渠道的问题研究》，载《金融研究》，2002 年第 1 期。

［23］孟广林：《英美史学家有关中世纪英国宪政史研究的新动向》，载《世界历史》，2010 年第 6 期。

[24] 倪宏伟：《论国有商业银行信贷权治理的经济性与合理性》，载《金融研究》，2000年第5期。

[25] 皮天雷：《经济转型中的法治水平、政府行为与地区金融发展——来自中国的新证据》，载《经济评论》，2010年第1期。

[26] 仇颖：《引导民间资本进入民营中小企业融资领域之管见》，载《现代财经》，2011年第6期。

[27] 邵明波：《中国女性人力资本特点及现状分析》，载《市场与人口分析》，2005年第4期。

[28] 邵明波：《山东省灰领人才危机》，载《甘肃农业》，2006年第5期。

[29] 邵明波：《金融发展与经济增长关系的实证研究》，载《世界经济情况》，2009年第7期。

[30] 邵明波：《法律起源与金融发展：一个文献综述》，载《社会科学战线》，2009年第8期。

[31] 邵明波：《产业结构与经济发展理论的实证》，载《统计与决策》，2009年第14期。

[32] 邵明波：《法治、金融发展与银行贷款长期化》，载《世界经济文汇》，2010年第2期。

[33] 邵明波：《法治与金融发展：来自环渤海地区的实证研究》，载《上海商学院学报》，2011年第6期。

[34] 邵明波：《上海法治水平对金融发展的影响分析》，载《上海商学院学报》，2014年第5期。

[35] 邵明波、韦森：《信贷市场的法治效应研究》，载《社会科学战线》，2015年第12期。

[36] 唐平：《完善信用担保体系：解决中小企业融资难的路径》，载《财经科学》，2006年第9期。

[37] 沈坤荣：《金融发展与中国经济增长——基于跨地区动态

数据的实证研究》，载《管理世界》，2004年第7期。

[38] 王纪全：《中国金融资源的地区分布及其对区域经济增长的影响》，载《金融研究》，2007年第6期。

[39] 盛丹、王永进：《产业集聚、信贷资源配置效率与企业的融资成本——来自世界银行调查数据和中国工业企业数据的证据》，载《管理世界》，2013年第6期。

[40] 韦森：《从文化传统反思东西方市场经济的近代形成路径》，载《世界经济》，2002年第10期。

[41] 韦森：《欧洲近现代历史上宪政民主政治的生成、建构与演进》，载《制度经济学研究》，2010年第12期。

[42] 吴爱英：《大力推进法治社会建设》，载《求是》，2014年第24期。

[43] 吴晓俊：《地方政府政策对中小企业融资成本影响的实证研究》，载《财政研究》，2013年第9期。

[44] 徐汉明：《法治的核心是宪法和法律的实施》，载《中国法学》，2013年第1期。

[45] 杨树旺、刘荣：《中国经济转轨中的金融发展特征研究》，载《金融研究》，2003年第12期。

[46] 尹丹莉：《当前我国财政扶持中小企业融资的政策分析》，载《中央财经大学学报》，2011年第8期。

[47] 殷孟波、许坤、邱宇：《逆选择机制下的中小企业融资分析——非对称信息下银行与中小企业的委托代理模型》，载《财经科学》，2011年第11期。

[48] 于蔚、汪淼军、金祥荣：《政治关联和融资约束：信息效应与资源效应》，载《经济研究》，2012年第9期。

[49] 袁增霆、蔡真、王旭祥：《中国小企业融资难问题的成因及对策》，载《经济学家》，2010年第8期。

[50] 余桂明、潘红波:《政府干预、法治、金融发展与国有企业银行贷款》,载《金融研究》,2008年第9期。

[51] 余桂明、潘红波:《政府关系、制度环境与民营企业银行贷款》,载《管理世界》,2008年第8期。

[52] 朱文胜:《银行与企业:"选择"还是"契约"》,载《金融研究》,1998年第3期。

[53] 赵群毅:《对"环渤海经济圈"概念的再认识》,载《北京社会科学》,2006年第2期。

[54] 郑志刚:《金融发展的决定因素》,载《管理世界》,2007年第3期。

[55] F. Allen and D. Gale, *Comparing Financial Systems*, MIT Press, 2000.

[56] P. Coss, *Thomas Wright's Political Songs of England: From the Reign of John to that of Edward*, Cambridge University Press, 1996.

[57] R. W. Goldsmith, *Financial Structure and Development*, New Haven, CT: Yale University Press, 1969.

[58] D. Gujarati, *Basic Econometrics*, New York: McGraw-Hill Press, 1995.

[59] O. Hart, *Firms, Contracts, and Financial Structure*, London: Oxford University Press, 1995.

[60] F. A. Hayek, *The Constitution of Liberty*, Chicago: The University of Chicago Press, 1960.

[61] F. Maitland, *The Constitutional History of England*, Cambridge: Cambridge University Press, 1919.

[62] J. H. Merryman, *The Civil Law Tradition: An Introduction to the Legal Systems of Western Europe and Latin America*, CA: Stanford University Press, 1985.

[63] K. Zweigert and H. Kötz, *An Introduction to Comparative Law*, New York: Oxford University Press, 1998.

[64] F. Allen and D. Gale, *Comparing Financial Systems*, MIT Press, 2000.

[65] D. C. North, *Structure and Change in Economic History*, New York: Norton, 1981.

[66] A. Aganin, and P. Volpin, *History of Corporate Ownership in Italy*, London Business School mimeo, 2003.

[67] E. R. Sirri and P. Tufano, "The Economics of Pooling", In: *The Global Financial System: A Functional Approach*, Eds: D. B. Crane, et al., Boston, MA: Harvard Business School Press, 1995, pp. 81–128.

[68] R. C. Merton and Z. Bodie, "A Conceptual Framework for Analyzing the Financial Environment", In: *the Global Financial System: A Functional Perspective*, Eds: D. B. Crane, et al., Boston, MA: Harvard Business School Press, 1995, pp. 3–31.

[69] F. Modigliani, M. Miller, "The Cost of Capital, Corporation Finance, and the Theory of Investment", *American Economic Review*, Vol. 48, 1958, pp. 261–297.

[70] J. E. Stiglitz and A. Weiss, "Credit Rationing in Markets with Imperfect Information", *American Economic Review*, Vol. 71, 1981, pp. 393–410.

[71] P. Aghion, M. Dewatripont, and P. Rey, "Competition, Financial Discipline and Growth", *Review of Economic Studies*, Vol. 66, 1999, pp. 825–852.

[72] F. Allen, J. Qian and M. Qian, "Law, Finance and Economic Growth in China", *Journal of Financial Economics*, Vol. 77, 2005, pp. 57–116.

参考文献

[73] F. Allen and D. Gale, "Financial Markets, Intermediaries, and Intertemporal Smoothing", *Journal of Political Economy*, Vol. 105, 1997, pp. 523-546.

[74] F. Allen, and D. Gale, "Liquidity, Asset Prices and Systemic Risk", in Risk Measurement and Systemic Risk, *Proceedings of a Conference Held at the Bank for International Settlements*, 2002.

[75] F. Allen, J. Qian, and M. J. Qian, "Law, Finance, and Economic Growth in China", *Journal of Financial Economics*, Vol. 77, 2005, pp. 57-116.

[76] K. Bae and K. Goyal, "Creditor Rights, Enforcement, and Bank Loans", *Journal of Finance*, Vol. 65, 2009, pp. 823-860.

[77] L. Bebchuk, "The Rent Protection Theory of Corporate Ownership and Control", *Unpublished Working Paper*, Harvard Law School, Cambridge, MA, 1999.

[78] T. Beck, A. Demirgüç-Kunt, and R. Levine, "Law, Endowments, and Finance", *Journal of Financial Economics*, Vol. 70, 2003, pp. 137-181.

[79] T. Beck, A. Demirgüç-Kunt, and R. Levine, "Law and Finance. Why Does Legal Origin Matter?", *Journal of Comparative Economics*, Vol. 31, 2003, pp. 653-675.

[80] T. Beck, A. Demirgüç-Kunt, and R. Levine, "Law and Firm's Access to Finance", *American Law and Economics Review*, Vol. 7, 2005, pp. 211-252.

[81] T. Beck, A. Demirgüç-Kunt, and V. Maksimovic, "Financial and Legal Constraints to Growth: Does Firm Size Matter?", *Journal of Finance*, Vol. 60, 2005, pp. 137-177.

[82] T. Beck, and R. Levine, "Industry Growth and Capital Alloca-

tion: Does Having a Market-or Bank-based System Matter?", *Journal of Financial Economics*, Vol. 64, 2002, pp. 147-180.

[83] T. Beck, and R. Levine, "Legal Institutions and Financial Development", NBER Unpublished Working Paper, No. 10417, 2004.

[84] T. Beck, A. Demirguc-Kunt and S. M. Peria, "Reaching Out: Access to and Use of Banking Services Across Countries", *Journal of Financial Economics*, Vol. 85, 2007, pp. 234-266.

[85] V. R. Bencivenga and B. D. Smith, "Some Consequences of Credit Rationing in an Endogenous Growth Model", *Journal of Economic Dynamics and Control*, Vol. 17, 1993, pp. 97-122.

[86] N. K. Bergman and D. Nicolaievsky, "Investor Protection and the Coasian View", *Journal of Financial Economics*, Vol. 84, 2007, pp. 738-771.

[87] U. Bhattacharya and H. Daouk, "The World Price of Insider Trading", *Journal of Finance*, Vol. 57, 2002, pp. 75-108.

[88] U. Bhattacharya and H. Daouk, "When no Law is Better Than a Good Law", *Review of Finance*, Vol. 13, No. 4, June 2009, pp. 577-627.

[89] L. Booth, V. Aivazian, A. Demirguc-Kunt and V. Maksimovic, "Capital Structures in Developing Countries", *Journal of Finance*, Vol. 56, 2001, pp. 87-130.

[90] S. Claessens, S. Djankov, and L. Lang, "The Separation of Ownership and Control in East Asian Corporations", *Journal of Financial Economics*, Vol. 58, 2000, pp. 1-112.

[91] S. Claessens and L. Laeven, "Financial Development, Property Rights, and Growth", *Journal of Finance*, Vol. 58, pp. 2401-2436.

[92] A. Demirguc-Kunt and V. Maksimovic, "Law, Finance, and Firm Growth", *Journal of Finance*, Vol. 53, 1998, pp. 2107-2187.

[93] A. Demirguc-Kunt and V. Maksimovic, "Institutions, Financial Markets, and Firm Debt Maturity", *Journal of Financial Economics*, Vol. 54, 1999, pp. 295-336.

[94] M. A. Desai, C. F. Foley and J. R. Hines, "A Multinational Perspective on Capital Structure Choice and Internal Capital Markets", *Journal of Finance*, Vol. 59, pp. 2451-2487.

[95] D. W. Diamond, "Financial Intermediation and Delegated Monitoring", *Review of Economic Studies*, Vol. 51, 1984, pp. 393-414.

[96] D. W. Diamond, "Debt Maturity and Liquidity Risk", *Quarterly Journal of Economics*, Vol. 106, 1991, pp. 709-737.

[97] D. W. Diamond, "Committing to Commit: Short-term Debt When Enforcement is Costly", *Journal of Finance*, Vol. 59, 2004, pp. 1447-1479.

[98] D. W. Diamond, "Presidential Address, Committing to Commit: Short-Term Debt When Enforcement is Costly", *Journal of Finance*, Vol. 59, No. 4, August 2004, pp. 1447-1479.

[99] S. Djankov, R. La Porta, F. Lopez-de-Silanes, and A. Shleifer, "Courts", *Quarterly Journal of Economics*, Vol. 84, 2003, pp. 299-329.

[100] S. Djankov, C. Mcliesh and A. Shleifer, "Private Credit in 129 Countries", *Journal of Financial Economics*, Vol. 84, 2007, pp. 299-329.

[101] J. P. H. Fan, S. Titman and G. J. Twite, "An International Comparison of Capital Structure and Debt Maturity Choices", *SSRN Working Paper Series*, No. 423483, 2008.

[102] J. Franks, C. Mayer, and S. Rossi, "The Origination and Evolution of Ownership and Control", *Oxford Financial Research Centre Working Paper*, No. 1003-FE-01, 2003.

[103] M. Giannetti, "Do Better Institutions Mitigate Agency Prob-

lems? Evidence from Corporate Finance Choices", *Journal of Financial and Quantitative Analysis*, Vol. 38, 2003, pp. 185-212.

[104] S. J. Grossman, and O. Hart, "Takeover Bids, the Free-Rider Problem, and the Theory of the Corporation", *Journal of Economics*, Vol. 11, 1980, pp. 42-64.

[105] S. J. Grossman and M. H. Mille, "Liquidity and Market Structure", *Journal of Finance*, Vol. 43, 1988, pp. 617-633.

[106] L. Guiso, S. Paola, and L. Zingales, "The Role of Social Capital in Financial Development", *National Bureau of Economic Research Working Paper*, No. 7563, 2000.

[107] J. G. Gurley and E. S. Shaw, "Financial Aspects of Economic Development", *American Economic Review*, Vol. 45, 1955, pp. 515-538.

[108] M. Harris, A. Raviv, "Corporate Governance: Voting Rights and Majority Rules", *Journal of Financial Economics*, Vol. 20, 1988, pp. 203-236.

[109] B. Holmstrom and J. Tirole, "Market Liquidity and Performance Monitoring", *Journal of Political Economy*, Vol. 101, 1993, pp. 678-709.

[110] T. Jappelli, M. Pagano and M. Bianco, "Courts and Banks: Effects of Judicial Enforcement on Credit Markets", *Journal of Money, Credit and Banking*, Vol. 37, 2005, pp. 223-244.

[111] M. C. Jensen and W. H. Meckling, "Theory of the Firm: Managerial Behavior, Agency Costs, and Ownership Structure", *Journal of Financial Economics*, Vol. 3, 1976, pp. 305-360.

[112] M. Jensen and K. Murphy, "Performance Pay and Top Management Incentives", *Journal of Political Economy*, Vol. 98, 1990, pp. 225-263.

参考文献

[113] S. Johnson, B. Peter, B. Alasdair, and F. Eric, "Corporate Governance in the Asian Financial Crisis", *Journal of Financial Economics*, Vol. 58, 2000, pp. 141-186.

[114] R. G. King and R. Levine, "Finance and Growth: Schumpeter Might Be Right", *Quarterly Journal of Economics*, Vol. 108, 1993, pp. 717-737.

[115] K. B. Kumar, R. G. Rajan, and L. Zingales, "What Determines Firm Size?", *Working Papers-Yale School of Management's Economics Research Network*: 1-54, 2001.

[116] L. Laeven and G. Majnoni, "Does Judicial Efficiency Lower the Cost of Credit?", *Journal of Banking & Finance*, Vol. 29, 2005, pp. 1791-1812.

[117] R. La Porta, F. Lopez-de-Silanes and A. Shleifer, "What Works in Securities Laws?", *Journal of Finance*, Vol. 61, 2006, pp. 1-32.

[118] R. La Porta, F. Lopez-de-Silanes and A. Shleifer, "Corporate Ownership Around the World", *Journal of Finance*, Vol. 54, 1999, pp. 471-517.

[119] R. La Porta, F. Lopez-de-Silanes, A. Shleifer and R. W. Vishny, "Legal Determinants of External Finance", *Journal of Finance*, Vol. 52, 1997, pp. 1131-1150.

[120] R. La Porta, F. Lopez-de-Silanes, A. Shleifer and R. W. Vishny, "Law and Finance", *Journal of Political Economy*, Vol. 106, 1998, pp. 1113-1155.

[121] R. La Porta, F. Lopez-de-Silanes, A. Shleifer and R. W. Vishny, "Corporate Ownership Around the World", *Journal of Finance*, Vol. 54, pp. 471-517.

[122] R. La Porta, F. Lopez-de-Silanes, A. Shleifer and R. W. Vishny, "Investor Protection and Corporate Governance", *Journal of Financial Economics*, Vol. 58, 2000a, pp. 3-27.

[123] R. La Porta, F. Lopez-de-Silanes, A. Shleifer and R. W. Vishny, "Agency Problems and Dividend Policies around the World", *Journal of Financial Economics*, Vol. 55, 2000b, pp. 1-33.

[124] R. La Porta, F. Lopez-de-Silanes, A. Shleifer and R. W. Vishny, "Investor Protection and Corporate Valuation", *Journal of Finance*, Vol. 57, 2002, pp. 1147-1170.

[125] R. La Porta, F. Lopez-de-Silanes, A. Shleifer and R. W. Vishny, "Judicial Checks and Balances", *Journal of Political Economy*, Vol. 112, 2004, pp. 445-470.

[126] R. La Porta, F. Lopez-de-Silanes and A. Shleifer, "What Works in Securities Laws?", *Journal of Finance*, February 2006, LXI, pp. 1-32.

[127] R. Levine, "Stock Markets, Growth, and Tax Policy", *Journal of Finance*, Vol. 46, 1991, pp. 1445-1465.

[128] R. Levine, "Financial Development and Economic Growth: Views and Agenda", *Journal of Economic Literature*, Vol. 35, 1997, pp. 688-726.

[129] R. Levine, "The Legal Environment, Banks and Long-Run Economic Growth", *Journal of Money, Credit, and Banking*, Vol. 30, 1998, pp. 596-613.

[130] R. Levine, "Law, Finance, and Economic Growth", *Journal of Financial Intermediation*, Vol. 8, 1999, pp. 36-67.

[131] R. Levine, "Bank-Based or Market-Based Financial Systems: Which is Better?", *Journal of Financial Intermediation*, Vol. 11, 2003,

pp. 398-428.

[132] R. Levine, N. Loayza, and T. Beck, "Financial Intermediation and Growth: Causality and Causes", *Journal of Monetary Economics*, Vol. 46, 2000, pp. 31-77.

[133] R. Levine and S. Zervos, "Stock Markets, Banks, and Economic Growth", *American Economic Review*, Vol. 88, 1998, pp. 537-558.

[134] Michael Manove, Jorge Padilla, and Marco Pagano, "Collateral vs Project Screening: A Model of Lazy Banks", *RAND Journal of Economics*, Vol. 32, No. 4, Winter 2001, pp. 726-744.

[135] J. H. Merryman, "The French Deviation", *American Journal of Comparative Law*, Vol. 44, 1996, pp. 109-119.

[136] R. C. Merton, "A Simple Model of Capital Market Equilibrium with Incomplete Information", *Journal of Finance*, Vol. 42, 1987, pp. 483-510.

[137] R. C. Merton, "Financial Innovation and Economic Performance", *Journal of Applied Corporate Finance*, Vol. 4, 1992, pp. 12-22.

[138] R. C. Merton, "A Functional Perspective of Financial Intermediation", *Financial Management*, Vol. 24, 1995, pp. 23-41.

[139] R. I. McKinnon, *Money and Capital in Economic Development*, Washington, DC: Brookings Institution, 1973.

[140] R. Morck, B. Yeung, and W. Yu, "The Information Content of Stock Markets: Why do Emerging Markets have Synchronous Stock Price Movements?", *Journal of Financial Economics*, Vol. 58, 2000, pp. 215-260.

[141] M. Obstfeld, "Risk-Taking, Global Diversification, and Growth", *American Economic Review*, Vol. 84, 1994, pp. 1310-1329.

[142] K. Pistor, M. Raiser and S. Gelfer, "Law and Finance in Tran-

sition Economics", *Economics of Transition*, Vol. 8, 2000, pp. 325-368.

[143] K. Pistor and C. Xu, "Governing Stock Markets in Transition Economies Lessons from China", *American Law and Economics Review*, Vol. 7, pp. 184-210.

[144] J. Qian and P. E. Stranhan, "How Law and Institutions Shape Financial Contracts: The Case of Bank Loans", *Journal of Finance*, Vol. 62, 2007, pp. 2803-2834.

[145] R. G. Rajanand L. Zingales, "Financial Dependence and Growth", *American Economic Review*, Vol. 88, 1998, pp. 559-586.

[146] R. G. Rajanand L. Zingales, "The Great Reversal: the Politics of Financial Development in the Twentieth Century", *Journal of Financial Economics*, Vol. 69, 2003, pp. 5-50.

[147] R. T. S. Ramakrishnan and A. Thakor, "Information Reliability and a Theory of Financial Intermediation", *Review of Economic Studies*, Vol. 51, 1984, pp. 415-432.

[148] A. Shleiferand R. Vishny, "A Survey of Corporate Governance", *NBER Working Paper*, No. 5554, 1996.

[149] A. Shleifer and D. Wolfenzon, "Investor Protection and Equity Markets", *Journal of Financial Economics*, Vol. 66, 2002, pp. 3-27.

[150] R. Stulzand, R. Williamson, "Culture, Openness and Finance", *Journal of Financial Economics*, Vol. 70, 2003, pp. 313-349.

[151] J. Wurgler, "Financial Markets and the Allocation of Capital", *Journal of Financial Economics*, Vol. 58, 2000, pp. 187-214.

后　记

光阴荏苒，一转眼已年近不惑，回想初入复旦的激动与憧憬，仿佛就在昨日。本书是在博士毕业论文的基础上写作完成。写作过程不仅是人生的一种历练，还凝聚了我的痛苦和欢乐。对每一个问题研究论证的过程是一次冥思苦想，有时甚至是十分痛苦的经历，但是每解决一个问题又让我喜出望外。"写作论文的期待——修改论文的推敲——发表论文的喜悦"成为我生活的主旋律。庆幸的是终于在这样的循环中完成了我的书稿。

首先我要深深地感谢我的博士导师李维森（韦森）教授。本书从选题到写作的整个过程，都凝聚着导师的心血和指导，每当"山穷水尽"时总是能得到导师"柳暗花明"的点播。多年的学习生活中，正是导师的悉心指导训练了我的经济学研究思维。导师渊博的知识，创新研究的学术精神时刻影响着我。导师学术严谨谦虚、为人淡泊宽容，是我终身学习的楷模。

感谢我的硕士导师刘文教授的谆谆教导。刘老师是我的启蒙导师，在基本的学术规范和研究技能方面对我悉心指导。我们亦师亦友，刘老师在学习和生活上给予我很大的帮助。感谢姚洋教授、叶航教授、王永钦教授和陈钊教授对本书相关章节提供的有益指导和修改建议。

感谢我的父母，双亲的殷切期望和支持成为我多年求学的重要动力。